AF438779

H. Godin Sculp.

MÉTHODE AISÉE

DE FAIRE

LA MACHINE

AÉROSTATIQUE,

Vulgairement nommée BALLON VOLANT.

PAR

MR. FAUJAS-DE-St.-FOND.

Ouvrage à la portée de tout le monde,

Dans lequel on trouve la defcription des Expériences qu'on en a faites ; la maniere de la remplir, de diffoudre la Gomme élaftique ; le moyen de faire le Gaz-inflammable ; une Obfervation fur la Lettre de Mr. Joly-de-St.-Valier fur cette découverte, & la relation des Voyages aériens de Mrs. Pilatre-de-Rozier, Giroud-de-Villette, du Marquis d'Arlandes, & de Mrs. Charles & Robert.

AVEC FIGURES.

Notre audace bientôt en faura faire ufage ;
Nous foumettrons de l'air le mobile élément,
Et des champs azurés le dangereux voyage
Ne nous paroîtra plus qu'un fimple amufement. GUDIN.

PREMIERE PARTIE.

A LIEGE,

Chez LEMARIÉ, Imprimeur-Libraire deffous la Tour,
proche l'Hôtel-de-Ville.

M. DCC. LXXXIV.

MÉTHODE AISÉE

D E

FAIRE LA MACHINE

AÉROSTATIQUE.

CHAPITRE I.

Raisons qui ont déterminé à donner cet Ouvrage.

ANS le volume in-8vo. avec neuf planches, intitulé : *Description des Expériences de la Machine aérostatique*, &c. le public ayant trouvé qu'on avoit donné trop d'etendue à des accessoires dénués d'intérêt, & que quelques objets étoient traités d'une maniere à ne guere satisfaire que des savans; ces considérations nous ont engagés à publier cette brochure, plus satisfaisante, quoique moins considérable, en ce qu'elle conten- tera la curiosité générale.

CHAPITRE II.

Défense de Mrs. de Montgolfier.

QUELQUES mal-intentionnés, poffédés de la manie d'oter la gloire d'une découverte à leurs contemporains, ont prétendu que Mrs. de Montgolfier avoient trouvé des guides parmi quelques Auteurs anciens; qu'ils n'étoient que des imitateurs, & que leur expérience n'eft pas nouvelle. Ces hommes jaloux & méprifables, fe font vainement épuifés à bouleverfer les bibliotheques ; ils ont inutilement cité le Jéfuite Lana, Leibnitz, Borelli, le P. Galien. Les gens inftruits n'y ont trouvé que de quoi réfuter ce que ces ennemis des fciences fe fatiguoient d'accréditer. (*) Enfin, honteux, rougiffans de leur procédé & du ridicule dont ils fe font couverts, ils ont, en dernier reffort, cité un manufcrit Efpagnol qui fe trouve, où..? nulle part. C'eft ainfi que l'ignorance opere.

|Vers pour le Portrait de Mr. de Montgolfier :

Montgolfier que l'Europe entiere
Ne fauroit affez révérer,
A des Arts franchi la carriere,
Quand l'œil de fes rivaux cherche à la mefurer.

DE CAMBRY.

___

(*) Il eft malheureux pour ces honnêtes gens-là qu'il leur foit échappé de citer *les mille & un jour*, Contes Perfans; ils y auroient trouvé de quoi contribuer à leur triomphe, dans l'Hiftoire de Malek & de la Princeffe Schirine, Tome III.

CHAPITRE III.

*Expérience faite à Annonay, en Vivarais,
le 5 Juin 1783.*

MESSIEURS Etienne & Joſeph de Montgolfier, propriétaires d'une des plus belles manufactures de papier à Annonay, nés avec le goût des
connoiſſances utiles, & doués d'un génie obſerva-
teur, employoient leur loiſir à l'étude de la phy-
ſique ; après avoir médité long-temps ſur l'aſcen-
ſion des vapeurs dans l'atmoſphere, où elles ſe réu-
niſſent pour former des nuages qui, malgré leur
maſſe & leur peſanteur, ſe ſoutiennent non-ſeule-
ment à de grandes hauteurs, mais encore flottent
& voyagent au gré des vents, ils entrevirent la
poſſibilité d'imiter la nature dans une de ſes plus
grandes & de ſes plus majeſtueuſes opérations.

Ils conçurent dès-lors l'idée hardie de former,
à l'aide d'une vaſte envelôppe & d'une vapeur légere, une eſpece de nuage factice que la ſeule peſanteur de l'air atmoſphérique forceroit de s'élever
juſqu'à la région où les orages & les tempêtes pren-
nent naiſſance. L'idée ſeule de ce projet ſuppoſe
du génie, & ſon exécution du courage.

Quel fut l'étonnement général, lorſque les in-
venteurs d'une telle machine annoncerent qu'auſſi-
tôt qu'elle ſeroit pleine d'un gaz, qu'ils avoient le
moyen de produire par le procédé le plus ſimple,
elle s'éleveroit juſqu'aux nues !

Enfin Mrs. de Montgolfier mettent la main à

l'œuvre, ils procedent au développement des vapeurs qui doivent produire le phénomene ; la machine qui ne préfentoit alors qu'une enveloppe de
toile doublée en papier, qu'une efpece de fac gi-
gantefque de trente-cinq pieds de hauteur , dé-
primé, plein de plis & vide d'air, fe gonfle, groffit
à vue d'œil, prend de la confiftance, adopte une
belle forme, fe tend dans tous les points, fait effort
pour s'enlever, part & s'élance rapidement dans
l'air. Voici la note que m'a communiquée Mr. de
Montgolfier, le Jeune :

   „ La Machine aéroftatique, dont l'expérience fut
„ faite devant Meffieurs des Etats particuliers de
„ Vivarais, le Jeudi 5 Juin 1783, étoit conftruite
„ en toile doublée de papier, coufue fur un réfeau
„ de ficelle fixée aux toiles. Elle étoit à-peu-près de
„ forme fphérique, & fa circonférence étoit de cent
„ dix pieds ; un chaffis en bois de feize pieds en
„ quarré, la tenoit fixée par le bas. Sa capacité
„ étoit d'environ 22000 pieds cubes ; elle dépla-
„ çoit donc, en fuppofant la pefanteur moyenne
„ de l'air, comme $\frac{1}{800}$ de la pefanteur de l'eau,
„ une maffe d'air de 1980 livres.

   „ La pefanteur du gaz étoit à-peu-près moitié
„ de celle de l'air, car il pefoit 990 livres ; & la
„ Machine pefoit avec le chaffis 500 livres. Il ref-
„ toit donc 490 livres de rupture d'équilibre, ce
„ qui s'eft trouvé conforme à l'expérience. Les dif-
„ férentes pieces de la Machine étoient affemblées
„ par de fimples boutonnieres arrêtées par des
„ boutons ; deux hommes fuffirent pour la monter
„ & pour la remplir de gaz, mais il en fallut huit
„ pour la retenir, & qui ne l'abandonnerent qu'au
„ fignal donné : elle s'éleva par un mouvement ac-

„ céléré, mais moins rapide fur la fin de fon af-
„ cenfion, jufqu'à la hauteur d'environ 1000 toi-
„ fes. Un vent à peine fenfible vers la furface de
„ la terre, la porta à 1200 toifes de diftance du
„ point de fon départ. Elle refta dix minutes en
„ l'air; la déperdition du gaz par les boutonnieres,
„ par les trous d'aiguilles & autres imperfections de
„ la Machine, ne lui permit pas d'y refter davan-
„ tage. Le vent, au moment de l'expérience, étoit
„ au midi, & il pleuvoit; la Machine defcendit fi
„ légérement qu'elle ne brifa ni les ceps, ni les
„ échalas de la vigne, fur lefquels elle fe repofa.

CHAPITRE IV.

*Expérience faite à Paris au Champ de Mars,
le 27 Août 1783.*

BIENTÔT les détails de l'expérience précédente fe
repandirent dans Paris, & les Phyficiens s'occuperent
du projet de la répéter. Mais Mrs. de Montgolfier
n'avoient pas dit de quelle efpece de gaz ils s'étoient
fervis; ils en réfervoient la connoiffance au public
lorfqu'ils viendroient faire une expérience dans la
capitale : on favoit feulement que la vapeur qu'ils
avoient employée étoit *une fois* plus légere que
l'air atmofphérique; on comprit aifément qu'il s'a-
giffoit d'un gaz différent de l'air inflammable, qui
eft *dix fois* plus léger que l'air ordinaire. On con-
çut cependant que ce n'étoit point par ignorance
en Chymie & en Phyfique, que ces Meffieurs n'a-
voient point fait ufage de l'air tiré du fer. Toutes

ces confidérations conduifoient à reconnoître leur découverte très-importante ; leur procédé étoit d'ailleurs beaucoup plus fimple & bien moins difpendieux, mais il étoit inconnu : il fallut donc avoir recours à d'autres moyens. On étoit féduit par la légéreté de l'air inflammable ; mais comment tenter une expérience en grand dans ce genre ? elle exigeoit une dépenfe confidérable pour des particuliers ; dans quoi retenir une vapeur auffi fubtile ? on ne fut pas long-temps à fe décider pour le taffetas endui de gomme élaftique de Mr. Bernard, dont il exifte des magafins à Paris. On borna le diametre de la Machine à douze pieds deux pouces, tant à caufe du prix de l'enveloppe que de la cherté de l'air inflammable, & des difficultés qu'il y a à s'en procurer promptement une grande quantité.

Le projet ainfi arrêté, l'on ouvre une *foufcription nationale* qui n'eut pas befoin d'être publiée : la propofition en vole de bouche en bouche, & bientôt eft remplie & décorée des noms les plus illuftres.

Enfin le 23 Août, la Machine fut fabriquée. On s'occupa du foin de la fixer dans une efpece de harnois deftiné à la fufpendre quand il s'agiroit d'y introduire l'air inflammable ; étant vide elle reffembla à un monceau de toile.

Dès huit heures du matin on fe mit à la remplir de gaz. On employa pour cet effet une grande boîte à tiroir ; mais trop compliquée, elle fit perdre du tems & de l'air inflammable. On y fuppléa un fimple tonneau placé verticalement deffous la Machine qui devoit devenir ballon ; on le remplit d'eau claire pour s'affurer qu'il ne fuyoit point ;

lorfqu'on en fut certain, le tonneau fut vidé ; fur le couvercle de fa partie fupérieure étoient pratiquées deux ouvertures : la premiere fervoit à y jetter la quantité néceffaire de limaille de fer & d'acide vitriolique : la feconde ouverture placée à côté de la premiere fervoit à y mettre le tube de fer-blanc correfpondant à un tuyau de cuir verni à la gomme élaftique, qui communiquoit au robinet de l'orifice du ballon. Voyez le frontifpice où la manœuvre eft repréfentée avec la plus grande précifion, ayant été deffinée d'après nature, par Mr. Lawrens, Suédois, & habile peintre. Le trou que vous verrez qui fert à introduire la limaille de fer & l'acide vitriolique, étoit fubtilement bouché chaque fois, après qu'on en avoit jetté dans le tonneau ; le gaz produit par ces matieres, s'élancoit rapidement par le tuyau dans la Machine, qui, quand elle fut pleine, eut la forme d'un beau globe.

Cette opération fut fouvent contrariée par les dangers : car l'acide vitriolique produifant fon effet fur la limaille de fer, donnoit un violent degré de chaleur ; une partie de l'eau mêlée à cet acide couloit le long du taffetas qu'elle auroit corrodé, formant des efpeces de bourrelets ; on fut obligé d'ouvrir par intervalles le robinet en fécouant le taffetas. La chaleur qui partoit du tonneau étoit fi forte, qu'elle fe communiquoit au tuyau de cuir, & de là à la Machine : le robinet prefque brûlant contraignit de l'envelopper de linges mouillés, & l'on fut obligé, pour conferver le ballon, d'arrofer fans ceffe le taffetas avec de petites pompes qu'on dirigea contre fa partie inférieure.

On voit que cette premiere expérience fut pénible ; en cela elle fait honneur au courage de ceux qui l'entreprirent, (*) car il se passa près de cinq jours pour rendre la Machine dans l'état qu'on desiroit. Elle fut attachée alors à de petites cordes, & l'on eut le plaisir de la voir s'élever à plus de 100 pieds.

Pour la conduire au Champ de Mars elle avoit un voyage de 1700 toises à faire; pour n'être point gêné par un public importun on décida qu'on marcheroit à la faveur de la nuit. Rien de plus singulier que de voir ce globe ainsi porté, précédé de torches allumées, entouré d'un cortege; escorté par un détachement du guet à pied & à cheval. Cette marche, lente & nocturne; la forme & le volume du corps qu'on portoit avec tant de pompe & de précaution; le silence, l'heure indue, tout tendoit à répandre sur cette opération une singularité & un mystere véritablement faits pour en imposer à tous ceux qui n'avoient pas été prévenus. Aussi les cochers qui se trouvoient sur la route, en furent si frappés, que leur premier mouvement fut d'arrêter leurs voitures, & de se prosterner humblement, chapeau bas, pendant tout le tems qu'on défiloit devant eux.

Arrivé à sa destination, les lisieres qui l'enveloppoient servirent à le retenir en place, au moyen de petites cordes fixées vers le méridien du globe, & qui furent arrêtées dans des anneaux de fer plantés en terre.

Il se rendit au Champ de Mars une foule immense de spectateurs; l'hôtel de l'Ecole militaire

---

(*) Mrs. Robert, Mécaniciens, avoient été chargés de construire le Globe, & Mr. Charles, Professeur de Physique, du soin de veiller à leurs travaux.

étoit rempli de la plus superbe & de la plus nombreuse assemblée. Le commencement de l'expérience fut noblement, & dignement annoncé par un coup de canon, qui servit de signal aux savans observateurs. Le globe, dégagé des liens qui l'assujettissoient près de la terre, s'élança avec une telle vîtesse qu'il parvint en deux minutes à 488 toises de hauteur ; là il trouva un nuage obscur dans lequel il se perdit : un second coup de canon annonça sa disparation, mais on le vit bientôt percer la nue, reparoître un instant à une élévation immense, & s'éclipser dans d'autres nuages.

La pluie violente qui survint ne s'opposa pas plus à l'ascension du globe qu'elle ne diminua la surprise, l'enthousiasme des spectateurs : les Dames élégamment vêtues, la recevoient sans se déranger, tant ce phénomene plaisoit à leurs beaux yeux ; c'est la premiere fois qu'on les a vues si vaillamment braver l'orage.

Le Ballon se soutint trois quarts-d'heures en l'air ; il y seroit demeuré plus long-tems si, pour lui donner une forme plus ronde, ou ne l'eût pas tant rempli ; il n'eût point fallu y introduire du tout d'air atmosphérique ni tant d'air inflammable. Le premier, se mêlant à la trop grande quantité du second, occasionna une pression qui nuisit à l'enveloppe, qui se déchira. Le globe alla descendre à cinq lieues du Champ de Mars, où des paysans animés du bel esprit de Mr. *Joly-de-St.-Valier*, (*) le déchirerent, quand un d'eux, apparemment plus

____

(*) Voyez, à la fin de cette premiere Partie, ce que fait que ce Mr. Joly-de-St-Valier, dans l'Observation sur la Lettre.

philofophe que fes compagnons, leur eut perfuadé que le diable n'avoit jamais paru fous cette forme, & qu'il falloit que ce fût quelque chofe de moins dangereux.

Cette expérience fut très-coûteufe. Quoiqu'un ballon de douze pieds deux pouces de diamêtre ne foit pas d'une capacité bien confidérable en apparence, il ne laiffoit pas que d'être d'un grand volume, lorfqu'il s'agiffoit de le remplir d'air inflammable. On employa mille livres pefant de limaille de fer en poudre ou en copeaux, & 498 livres d'acide vitriolique à 46 degrés de concentration; mais l'on en perdit beaucoup dans les effais. La circonférence du globe étoit de 38 pieds 3 pouces 8 lignes, fa capacité intérieure de 943 pieds 6 lignes cubes; le poids du robinet de 25 livres, & la force d'afcenfion, lorfqu'il s'eft élevé, de 35 livres.

CHAPITRE V.

Expériences faites avec de petits ballons.

QUELQUES amateurs de la Phyfique s'exercerent à faire des imitations en petit, d'après l'expérience du Champ de Mars. Ils éprouverent auffi leur patience en employant diverfes matieres, qui ne purent les faire réuffir; enfin Mr. le Baron Beaumanoir parvint le premier au fuccès : Mr. Defchamps de Neuchâteau, peintre, lui communiqua l'efpece d'enveloppe qu'il falloit.

Cette matiere eft une fubftance animale, connue dans l'art du batteur d'or, fous le nom de *peau de baudruche.* C'eſt entre des livrets de cette peau, d'une légéreté & d'une ſoupleſſe extrêmes, qu'ils parviennent à réduire l'or ſi mince, qu'il ſe ſoutient, & flotte un certain tems en l'air.

La *baudruche* n'eſt que la pellicule intérieure qui tapiſſe le gros boyau du bœuf. C'eſt aux batteurs d'or qu'il faut s'adreſſer pour en avoir. Lorſque ſon marteau à paſſé pluſieurs fois deſſus, on en fait encore uſage quand on a eu le malheur de ſe couper; elle produit le même effet que le taffetas d'Angleterre, & eſt connue pour cette utilité ſous le nom de *peau divine.*

Cette matiere une fois connue, (*) pluſieurs perſonnes parvinrent à faire les ballons de Mr. Deſchamps; on y fut d'ailleurs engagé par la réuſſite de Mr. de Beaumanoir, qui annonça dans le Journal de Paris, qu'il en avoit fait élever un d'un pied & demi de diametre, dont le poids n'étoit que de cinq gros & trois quarts. Il propoſa en même tems une expérience que les amateurs furent voir. Le ballon qu'il fit partir étoit de 18 pouces de diametre : il s'éleva très-bien en préſence d'une nombreuſe aſſemblée, à la hauteur de cinquante pieds, ayant été retenu par un fil de ſoie. Mais à cinq heures du ſoir on le remplit de nouvel air inflammable; il fut abandonné à lui-même, & les ſpectateurs eurent le plaiſir de le voir aller à une hauteur prodigieuſe & diſparoître. A quelques lieues il fut trouvé par des payſans.

––––––––––

(*) Son uſage eſt fort ancien, puiſqu'il y a près de trois ſiecles que Jules-Céſar-Scaliger propoſoit, pour imiter la Colombe volante d'Architas, de faire emploi de la peau des batteurs d'or.

Mr. Gardeux, Sculpteur, m'en apporta un de sept pouces de diametre; je le fis élever dans le jardin du palais-royal, & il partit fort bien. Enfin Mr. Deschamps voulant renchérir sur ceux qui imitoient ses ballons, en fit un de six pouces de diametre qui ne pesoit que 36 grains, & de la plus jolie forme. Il voulut bien m'en faire le sacrifice, & me pria de le mettre en expérience. Je le remplis d'air inflammable tiré du Zinc par l'acide marin, en présence de plusieurs personnes distinguées qui se trouvoient chez moi. Ce petit ballon alla se fixer contre le plancher élevé de douze pieds, & eût été à perte de vue, si je n'eusse été bien aise de le conserver pour d'autres expériences. Il étoit fait avec un soin extrême, & il fallut les plus grandes précautions pour le remplir, sans quoi il ne fût point parti, cette matiere prenant l'humidité de l'air, & sa force d'ascension n'étant que de dix grains : comme il en falloit lier l'ouverture avec du fil, il étoit très-difficile de le remplir suffisamment ; l'air inflammable trouvant toujours assez de place pour s'échapper, tandis qu'on manœuvroit.

Les amateurs de petits ballons aérostatiques en trouveront à Paris, cul-de-sac de Rouen, quartier-St.-André-des-Arts, chez le sieur Blondy, portier. Il fournit aussi de l'air inflammable très-rectifié, renfermé dans des vessies, qu'il suffira de presser pour en charger les ballons vides, & afin de pouvoir répéter plusieurs expériences il en fournit trois pour six livres. On en trouve aussi chez le sieur Noseda, rue St. Honoré, au Mont d'or. N°. 627.

CHAPITRE VI.

Expérience faite par Mr. de Montgolfier avec un ballon de 70 pieds de hauteur sur 40 de diametre, dans le jardin de Mr. Reveillon, rue de Montreuil, fauxbourg Saint-Antoine à Paris, le 12 7bre. 1783 en préfence de Mrs. les Commiffaires de l'Académie des Sciences.

LES Phyficiens attendoient impatiemment cette expérience qui devoit leur révéler le fecret de l'Inventeur & les enrichir d'une connoiffance de plus. Ils virent que la Machine étoit en toile de canevas, doublé en dedans d'un papier fort; cette enveloppe étoit la même que celle d'Anonay qui avoit parfaitement réuffi, il fut prudent de l'adopter ici pour obtenir les mêmes fuccès.

Vingt-quatre grandes bandes, ou méridiens, réunies & conçues enfemble formoient le globe qui étoit ovale. On en auroit la reffemblance en petit, fi l'on applatiffoit les deux extrêmités d'un œuf alongé. Cette Machine étoit d'un fi grand volume qu'il fut impoffible d'en affembler, ou coudre, les parties qu'en plein air, comme dans le jardin fpacieux qui fut offert. C'étoit un grand embarras que de ployer chaque foir une enveloppe fi lourde, que les forts papiers qui la doubloient, rendoient caffante; il falloit au moins vingt hommes pour la remuer, avec adreffe & précaution, pour ne rien détruire.

On peignit ce fphéroïde en bleu d'azur, & re-

préfentant une tente avec fon pavillon, & des ornemens en couleur d'or. Il pefoit mille livres ; la
pefanteur de l'air qu'il déplaçoit pouvoit être évaluée à environ 4500, & le gaz de Mrs. de Montgolfier dont la Machine devoit être remplie, étant
une fois plus léger que l'air commun, ne pefoit que
2250 livres ; il y avoit donc un excès de légéreté
de 1250 ; par conféquent le ballon auroit pu em-
porter un poids de cette force.

Après un effai que l'on en fit le 11 Septembre, &
qui fut très-fatisfaifant, le lendemain en préfence
de Mrs. Cadet, l'Abbé Boffu, Briffon, &c. Commiffaires de l'Académie, on procéda à l'expérience.
Cet efpece de fac fut fufpendu, pour être rempli
au-deffus d'un grand réchaud, placé fous l'ouverture du ballon. On y alluma par paquet, à diverfes reprifes, cinquante livres de paille, & une
dixaine de livres de laine hachée.

Ce fimple procédé produifit en dix minutes de
tems une vapeur fi expenfive, & douée d'une telle
force, que cette lourde Machine, repliée fur elle-
même, fe redreffa graduellement & comme par
ondulation. Sa groffeur & fa capacité étonnerent
l'affemblée nombreufe & diftinguée, mais fon admiration redoubla lorfque ce globe tendit à s'élever. On avoit attaché à fa partie inférieure un
poids confidérable, parce que la veille huit hommes n'avoient pas fuffi pour l'affujettir ; il les auroit enlevés à une grande hauteur, fi on ne lui
avoit pas oppofé de nouvelles forces.

Il fe foutint à plufieurs pieds avec la charge de
cinq cents livres, & fi l'on eut en ce moment
coupé les cordes qui le retenoient, il feroit monté
à une hauteur prodigieufe ; mais la pluie & l'o-
rage

rage qui furvinrent, abrégerent ce beau fpectacle, & endommagerent beaucoup, ainfi que les efforts qu'on fit pour la defcendre, cette fuperbe Machine. On l'eût mieux confervée en la laiffant partir, mais elle étoit deftinée à une expérience qui devoit avoir lieu à Verfailles.

Les fpectateurs, fenfibles à ce fâcheux événe-ment, donnerent à Mr. de Montgolfier, les mar-ques les plus flatteufes de l'intérêt qu'ils prenoient à fa découverte, & Mrs. les Commiffaires de l'Aca-démie des fciences s'empreflèrent de lui remettre, fur le champ, une atteftation qui fait honneur à leur juftice.

CHAPITRE VII.

Expérience faite à Verfailles, le 19 7bre. 1783 en préfence du Roi & de la Famille Royale, par Mr. de Montgolfier.

LA Machine qui devoit fervir à l'expérience de Verfailles, ayant trop fouffert de dommages, comme on l'a vu au chapitre précédent, on fut con-traint d'en conftruire une feconde, qui prit moins de tems qu'il n'en auroit fallu pour réparer la pre-miere. On employa de bonne toile de fil & de co-ton; on la peignit en dehors & en dedans à la dé-trempe; on méla la couleur de l'intérieur, de terre d'alun, comme très-propre à réfifter à la plus forte chaleur. Sa hauteur étoit de 57 pieds fur 41 de diametre.

On en fit la veille un effai très-heureux, & le

19 7bre. elle fut établie dans la cour du Château
de Verfailles, fur un théâtre octogone, qui corref-
pondoit à l'attirail & aux cordages tendus pour la
manœuvrer : ce théâtre étoit vafte, bien décoré
& entouré d'une garde nombreufe. Ce fut deffous
que fe firent les opérations pour remplir le ballon;
vide il reffembloit à un amas de toiles de couleur
entaffées fans ordre. On fe fervit, de même que
ci-devant, d'un réchaud de fer à claire voie, fait
pour recevoir les matieres combuftibles. Un en-
tourage de forte toile, de forme circulaire, adhé-
rand au col du globe par des cordes, en defcen-
dant par le trou pratiqué au milieu du théâtre,
fur le pavé, pouvoit être confidéré comme une efpece de cheminée deftinée à contenir les vapeurs,
& à les conduire dans l'intérieur de la Machine.
Comme le théâtre étoit couvert & entouré de toiles décorées de toutes parts, on ne voyoit point les
perfonnes qui devoient diriger le feu : elles fe trouvoient placées fous le ballon même avec les pro-
vifions de paille & de laine hachée, qui devoient
former le gaz, & une cage d'ofier, contenant un
mouton, un coq & un canard. Des hommes fe
propofant de voyager avec cette Machine, on crut
qu'il étoit de la prudence d'effayer fi les animaux
fupporteroient, fans danger, la force de l'air à une
région confidérable & étrangere.

La cour, les fenêtres, & même les combles du
Château, étoient pleins de fpectateurs. Tout ce qu'il
y a de plus grand, de plus illuftre & de plus favant dans la nation, fembloit s'être réuni de con-
cert pour rendre un hommage folemnel aux fciences, fous les yeux d'une augufte Cour qui fait fi
bien les protéger.

Au milieu de ce concours immenſe, Leurs Ma-
jeſtés & la Famille Royale daignerent ſe tranſpor-
ter dans l'enceinte, & même juſques ſous la Machine, pour en examiner les détails, & ſe faire rendre
compte des préparatifs de cette belle expérience.

Le bruit d'une boîte annonça qu'on alloit remplir le ballon ; preſqu'auſſi-tôt on le vit rapidement déployer ſes plis ; en onze minutes il eſt gon-
flé, développé entiérement au moyen de quatre-
vingt livres de paille, & cinq de laine. Il repré-
ſentoit un globe terminé, à ſa partie inférieure,
par une eſpece de col.

Entouré d'ornemens, ſa forme plut aux yeux, ainſi
que ſa capacité impoſante. En peu d'inſtans il at-
teint au haut des mâts & des cordes qui le ſoute-
noient des deux côtés ; une ſeconde boîte avertit
qu'il étoit prêt à partir : à une troiſieme décharge
on coupe les cordes qui le retiennent par le col, &
la Machine s'éleve pompeuſement en l'air, avec
le mouton, le canard & le coq.

Elle parvint d'abord à une hauteur de 240 toiſes, & reſta enſuite quelques ſecondes en ſtation,
produiſant le plus bel effet, & le plus grand plaiſir
aux ſpectateurs. Elle ſe ſoutint huit minutes en l'air,
& deſcendit lentement, en ſe repliant, dans le bois
de Vaucreſſon, à 1700 toiſes d'où elle étoit partie.
Elle ſe ſeroit ſoutenue plus long-tems élevée, ſans un
très-fort coup de vent qui la frappa auſſi-tôt qu'elle
fut plaine, ce qui occaſionna deux déchirures de
ſept pieds ſur ſon ſommet, & dans les endroits qui
avoient été couſus dans un mauvais ſens. Il n'eſt
pas vrai que le coq ait eu la tête caſſée, comme
l'ont porté quelques papiers publics ; aucun des
trois animaux n'a éprouvé d'accident dans le voyage.

CHAPITRE VIII.

Expérience faite à Paris, rue de Montreuil, Faux-bourg St. Antoine, le 19 8bre. 1783.

Mr. de Montgolfier, moins satisfait que la nation, de l'expérience de Versailles, parce que le globe ayant été déchiré ne s'étoit pas élevé à la hauteur à laquelle il devoit parvenir; en fit construire un autre plus ample & plus solide, encore chez Mr. Reveillon. Il fut achevé le 10 8bre. Sa forme étoit ovale. Il avoit un col comme celui de Versailles; sa hauteur étoit de 70 pieds sur 46 de diametre. Il fut très-bien décoré; sa partie supérieure, entourée de fleurs de lys, étoit ornée des douze signes du Zodiaque en couleur d'or; le milieu, comme celui du 19 7bre., portoit les chiffres du Roi, entremêlés de soleils, & le bas étoit garni de guirlandes & d'aigles à aîles déployées, qui paroissoient porter, en volant, cette superbe Machine, qui pesoit au moins seize cents livres. Une galerie d'osier entouroit le col de ce globe & y étoit attachée avec une multitude de cordes: elle avoit environ trois pieds de largeur; il y régnoit de droite & de gauche une balustrade de trois pieds & demi de haut, qui étoit revêtue de toiles sur lesquelles on avoit peint des draperies & autres ornemens. Au milieu de cette galerie on avoit suspendu par des chaînes un réchaud de fil de fer, qui ne nuisoit point au col, ou à l'ouverture du ballon, & dans lequel on devoit jetter, selon la

nécessité, les portions de paille & de laine hachée
pour nourrir le globe.

Depuis le 15 jusqu'au 19 8bre. on fit cinq expériences, dont une seule fut un peu contrariée
par le vent. Le hardi, le courageux, l'intelligent
Mr. Pilatre-de-Rozier monta seul quatre fois dans
la galerie avec un contrepoids de cent livres pour
l'équilibre, & fut porté à 80,200 & 250 pieds,
hauteur des cordes qui étoient mises pour retenir
la Machine. Elle se soutint en station pendant huit
minutes & demie à la quatrieme expérience, &
quelques-unes de moins aux premieres. Cette quatrieme fut instructive : on ne cessoit de répéter que
si la Machine étoit jettée par le vent sur quelqu'é-
difice, ou sur des arbres, elle se détruiroit inévi-
vitablement, en faisant courir des risques à ceux
qui oseroient s'y exposer. Précisément le vent la
porta sur une touffe d'arbre considérable, où elle
s'embarrassa, mais sans perdre l'équilibre. Mr. Pilatre-de-Rozier, le premier Argonaute aérien, produisit un peu de gaz au moyen d'un peu de paille
& de laine, la Machine reprit sa route, & prouva
par cet exemple qu'elle ne *tombe* pas, mais qu'elle
descend; qu'elle ne se renverse pas, ne détruit rien,
& que ceux qu'elle porte doivent être sans crainte
en suivant la manœuvre de Mr. P. de Rozier.

Cette habile Physicien prouva aussi la facilité
qu'il y a de descendre & de monter à volonté;
étant à plus de 200 pieds, la Machine descendit
lentement, & lorsqu'elle fut près de la terre, il y
introduisit de nouveau gaz adroitement, & surprit
l'assemblée nombreuse, en repartant & regagnant
sa premiere place.

A la cinquieme expérience le contrepoids fut

ôté ; on céda aux inſtances de Mr. Giroud-de-Villette, qui accompagna Mr. P. de Rozier. Ce fut
alors un ſpectacle bien étonnant que de voir des
hommes, portés à la hauteur de 324 pieds, s'y
ſoutenir en équilibre plus de neuf minutes, ſans inquiétude & ſans incommodités. Ils y étoient à peine
apperçus ; on diſtinguoit un peu Mr. P. de Rozier,
occupé paiſiblement à entretenir le gaz. La Machine produiſoit un ſuperbe effet à cette élévation,
elle dominoit ſur Paris, & pouvoit être vue de tous
les environs.

Lorſque ces Voyageurs furent deſcendus ; ils re-
çurent tous les applaudiſſemens qu'ils méritoient.
Mr. le Marquis d'Arlandes prit alors la place de
Mr. Giroud-de-Villette, & partit, encore avec
Mr. P. de Rozier : cette expérience eut le même
ſuccès que la précédente, & ſi la Machine n'eût
pas été retenue par des cordes, il eſt certain qu'elle
auroit été à plus de douze cents toiſes d'élévation.

CHAPITRE IX.

Expériences faites à Lyon, le 18 9bre. 1783.

LETTRE

Aux Auteurs du Journal de Paris.

MESSIEURS,

TANDIS que les Savans & les Curieux s'occu-
pent à réfléchir ſur l'uſage qu'on pourra faire de

la découverte de MM. Montgolfier, & qu'on s'é-
puise en conjectures, en spéculations & en suppo-
litions, la Ville de Lyon vient de jouir d'un spectacle en ce genre, que la Capitale ne s'est pas encore procuré.

Quelques amateurs s'étant réunis, ont fait partir le Mardi 18, à neuf heures moins un quart du
soir, de la rive du Rhône opposée à la Ville, un
ballon aérostatique chargé d'artifice.

Cette Machine, aussi simple que peu dispen-
dieuse, n'en a pas moins produit l'effet qu'on s'en
promettoit, & servi de spectacle à toute la Ville.

Le ballon étoit fait en papier brouillard, sa forme
étoit pyramidale, ayant de hauteur 24 pieds & à sa
base 12 pieds en quarré; des rubans de fil le tra-
verfoient de distance en distance pour le tenir raf-
semblé, & empêcher qu'il ne se déchirât par l'effort
de l'air dont il déplaçoit environ 1200 pieds cubes; il étoit terminé par un transparent de papier
rouge, qui présentoit une ouverture de sept pieds,
en dedans de laquelle étoit un réchaud d'un pied
de diamêtre, rempli de papier ordinaire roulé &
très-ferré, imbibé de graisse & d'huile, le tout pesant, l'artifice compris, 24 liv. De la paille brûlée
a fourni le seul gaz qu'on a employé pour le charger; quand on s'apperçut qu'il l'étoit suffisamment,
on mit le feu aux meches de l'artifice, & on laissa
partir le ballon, qui s'éleva pompeusement au bruit
d'une excellente musique, de plusieurs décharges
de boîtes, des cris de joie & des acclamations de
plus de trente mille spectateurs qui garnissoient les
fenêtres des superbes maisons qui forment les quais
du Rhône, ou qui en bordoient les parapets.

Le tems, quoique très-noir, étoit cependant

doux, & l'air n'étoit agité que par un vent léger du nord; le ballon qui décrivit une ligne courbe, & prit, en s'éloignant du Rhône, sa direction du côté des Alpes, ne s'en éleva pas moins à une hauteur prodigieuse. Déja il ne sembloit plus qu'une de ces étoiles qui brillent dans une belle nuit, lorsqu'une bombe dont la meche avoit duré quatre minutes, éclata & sema autour d'elle quantité d'étoiles dont elle étoit composée.

Insensiblement la lumiere du ballon se perdoit dans les nues ; déja même il avoit disparu, lorsqu'une seconde bombe, du double plus forte que la premiere, & dont la meche avoit duré deux minutes de plus, éclaira toute la Ville & produisit un effet qu'il est impossible de se figurer, malgré l'excessive hauteur du point d'où elles partoient; de ce moment on ne revit plus le ballon, & on ignore le chemin qu'il a parcouru & le lieu où il aura descendu.

On laisse aux Savans & aux Artistes à déterminer tous les usages auxquels on peut appliquer les ballons aérostatiques; mais l'expérience dont nous rendons compte prouve invinciblement qu'on peut s'en servir pour des signaux, à une distance bien plus considérable que celle d'où peuvent être apperçues les fusées & autres artifices qu'on lance quelquefois de terre pour cet objet.

J'ai l'honneur d'être, &c.

Autre Expérience faite à Lyon, par Mr. de Montgolfier, l'aîné.

LA Machine enlevée chez M. l'Intendant de Lyon, étoit construite en simple papier; sa forme étoit celle de deux pyramides quadrangulaires tronquées, réunies par leur bafe, qui avoit huit pieds de côté ; les fommets tronqués en avoient quatre, & l'axe commun huit, ce qui ne formoit qu'une contenance de 300 pieds cubes tout au plus.

La réunion des bafes étoit affujettie par quelque languettes de bois de huit pieds de long, & l'ouverture inférieure par quatre de quatre pieds.

Quatre gros fils de fer, partant des quatre angles de l'ouverture inférieure, fe réuniffoient au milieu, pour y fupporter un cylindre de fil de fer, d'un pied de long & fix pouces de diametre.

Après avoir chargé la Machine de gaz, par le moyen du feu, le cylindre fut rempli d'un rouleau de trente feuilles de papier imbibées d'une livre d'huile d'olive, auquel on mit le feu.

La Machine, s'élevant avec rapidité, fut portée du côté de la ville ; lorfqu'elle eut parcouru environ un quart de lieue dans cette direction, elle fe trouva élevée à la hauteur des nuages, & fut chaffée comme eux du côté du nord ; continuant à s'élever, elle obéit au vent d'eft-fud-eft qui régnoit dans cette région. On la fuivit quelque tems dans cette direction, mais fon diametre apparent étoit devenu fi petit, qu'il échappoit à la vue des fpectateurs ; ceux qui avoient l'œil le plus perçant, la fuivirent encore pendant quelques inftans, jufqu'à ce qu'ils la perdirent entiérement, 22 minutes après fon départ. *Extrait d'une lettre de M. de Montgolfier.*

CHAPITRE X.

Du gaz inflammable par le fer & l'acide vitrio-lique.

IL faut se procurer de la limaille de fer, ou d'acier, la plus pure, qui ne soit point jaunâtre ni rouillée ; parce qu'en cet état, le gaz qu'elle produiroit seroit plus pesant que l'air atmosphérique. Passez cette limaille à un tamis un peu gros pour en ôter les pailles & autres corps étrangers. Quand vous en aurez la quantité nécessaire, munissez-vous du meilleur acide vitriolique pur & concentré, connu sous le nom vulgaire *d'huile de vitriol.* Les Droguistes bien assortis en ont ordinairement des bonnes manufactures de Javelles, près de Paris, & de Mr. Holker, à Rouen.

Voilà tout ce qui forme le gaz. Le lecteur n'a pas besoin que je lui répete ici la maniere de s'en servir pour les globes aérostatiques ; je le renvoie au frontispice, qui est la plus claire explication qu'on puisse lui donner de la manœuvre. Je lui observe seulement que l'acide vitriolique doit être mélangé avec de l'eau pure, dans les proportions de quatre parties d'eau sur une d'acide ; & que cette mixtion doit être faite avec précaution, dans des vases de grés ou de fayance, en observant de mêler d'abord les deux liqueurs à petites doses, à cause de la grande chaleur qui résulte de cette union, & qui occasionneroit la rupture des vaisseaux : mais en allant doucement & avec prudence, il n'y a rien à craindre.

CHAPITRE XI.

Du gaz de Mrs. de Montgolfier.

CE gaz est d'une simplicité admirable, & réu-
nit un avantage qui doit lui mériter la préférence
pour les grandes expériences, celui d'être d'un prix
à la portée de tous les particuliers. Pour 40 ou
50 sols de paille & de laine, & un quart l'heure
au plus, on obtient au moins 40000 pieds cubes de
gaz ; on ne se procureroit pas la même quantité
d'air inflammable, à moins de 5 à 6 mille francs,
& de plusieurs jours de travaux. D'ailleurs, rien
de plus facile à ceux qui montent dans la Machine,
que d'y entretenir le gaz avec de la paille & de la
laine, tandis qu'il est très-difficile avec la limaille
& le vitriol.

Voici les regles qu'il faut suivre quand on vou-
dra répéter une grande expérieure. 1°. Il faut épar-
piller la paille dans le réchaud, de maniere qu'elle
s'enflamme très-promptement & sans produire de
fumée ; un feu clair, vif, brillant ; un feu de flamme
est ce qui convient le mieux. 2°. Il faut jetter de distance en distance, sur la flamme, & par petites
poignées, de la laine hachée ; la plus mince est la
meilleure pour avoir moins de fumée. 3°. Il faut
ne pas trop jetter de paille à la fois pour entretenir une flamme constante ; alors une Machine de
70 pieds de hauteur sur 46 de diametre, pourra
être remplie en 10 minutes. 4°. A mesure que la
Machine commencera à se remplir, on l'élevera
doucement à l'aide d'une corde & d'une poulie

fixées entre les deux mâts de 50 ou 60 pieds de haut, qui doivent être placés à côté de l'échafaud, ou de l'endroit qu'on aura choisi pour l'expérience ; cette manœuvre facilite l'entrée de la vapeur dans le ballon, & sert à le contenir jusqu'à ce qu'étant parvenu à la hauteur des mâts il se dégage lui-même & quitte ses liens.

Les expériences des Chapitres ci-devant donnent d'autres explications pour la manœuvre auxquelles le lecteur peut avoir recours. Il est seulement à remarquer que si l'on entoure de toiles l'échafaud, au-lieu de planches, il faut avoir l'attention de les clouer aux boiseries, pour éviter le danger que l'on courut à Versailles : les toiles qui étoient d'abord libres furent très-agitées dès que la Machine commença à s'emplir, parce qu'il se forme toujours dans ce moment, un courant d'air rapide, qui vient de l'extérieur, & qui entre dans le ballon : on conçoit donc que ces toiles viendroient se brûler au foyer, si elles n'étoient assujetties.

CHAPITRE XII.

Maniere de remplir les petits Ballons de Baudruche, depuis un pied jusqu'à trois de diametre.

PRENEZ un petit tonneau bien cerclé, remplissez-le d'eau pour vous assurer qu'il ne fuit point. Vous ferez percer deux troux d'un pouce ou environ de diametre à l'un des couvercles du tonneau ; sur une de ces ouvertures on y clouera une plaque de fer-blanc de deux pouces de diametre, percée par le milieu, ayant mis par deſſous une piece d'étoffe ; on ſoudera ſur la plaque une douille qui ſervira pour ſoutenir le ſiphon, ou tuyau, qui doit conduire l'air inflammable dans le ballon : il faut que le ſiphon, ſoit de la forme d'un Z pour éloigner le globe du tonneau & manœuvrer plus à l'aiſe. La ſeconde ouverture ſe fermera par un bouchon après y avoir introduit les matieres néceſſaires pour produire l'air inflammable. Pour la doſe d'un ballon d'un pied de diametre, on mettra dans le tonneau environ une demi-livre de limaille de fer bien pure, qui ne ſoit point jaunâtre, qu'on fera paſſer par un gros tamis, enſuite on prendra une terrine de grés ou de fayance, dans laquelle on verſera trois verres d'eau ſur un verre & demi d'acide vitriolique. Après qu'on aura fait ce mêlange avec autant de précaution que ſi c'étoit de l'eau-forte, on le verſera par un entonnoir dans le tonneau, par le trou qui aura ſervi à jetter la limaille, & l'on fermera le trou ſubtilement, afin que l'air inflammable puiſſe ſe dégager par le tuyau de fer-blanc pour emplir le ballon. Il faut, avant de poſer le ballon ſur le tuyau, le plier en quatre, & le preſſer légérement entre deux mains pour en expulſer l'air atmoſphérique ; on ne le remplira pas entiérement ; car en montant, la dilatation de l'air le feroit crever.

Si le ballon a plus d'un pied de diametre, on augmentera les doſes à proportion de la grandeur. Avant de le remplir il faut le ſouffler, ſans trop l'enfler, pour voir s'il n'a point d'ouverture ; s'il s'en trouvoit, il faut mouiller un certain eſpace autour du trou, & y appliquer un morceau de baudruche qui, étant ſéché, le bouchera très-ſolidement.

N.B. Les amateurs peuvent donner leurs ordr.
pour avoir de ces petits ballons, chez LEMARI
Libraire à Liege, deſſous la Tour, proche l'Hôte
de-Ville; il ſe charge d'en procurer.

CHAPITRE XIII.

Maniere de diſſoudre la gomme élaſtique.

CETTE gomme découle d'un arbre qui croî
au Pérou. Voici la maniere de la diſſoudre : prenez
une livre d'eſprit de térébenthine , une livre de
gomme élaſtique, coupée en très-petits morceaux
avec des ciſeaux : verſez de l'eſprit de térébenthine
dans un matras à long col, que vous placerez ſur
un bain de ſable chaud, jettez la gomme élaſtique,
non à la fois, mais par pincées, à meſure que vous
appercevez qu'elle ſe diſſoud. Lorſqu'elle ſera fon-
due , verſez dans le matras une livre d'huile de
noix, ou de lin, ou de pavot, rendue deſſicative à
la maniere accoutumée, c'eſt-à-dire, avec de la li-
tharge , vous laiſſerez bouillir le tout pendant un
quart-d'heure, & la préparation ſera faite; on en
enduit le taffetas bien tendu, ſoit avec une éponge
ou un pinceau fort ſouple.

Je ne conſeillerois cependant guere l'uſage de
cette gomme; il vaut beaucoup mieux ſe ſervir du
vernis à la copale ou au ſuccin, dont on trouve de
bien préparé chez Mr. Watin, Auteur *de l'Art du
Peintre, Doreur, Verniſſeur.* A Paris, *près de la
porte St. Martin.* Ces vernis ſechent au bout de
deux ou trois jours; ils donnent au taffetas du bril-

lant, de la foupleffe, & font imperméables à l'air, qualités que n'a pas la gomme élaftique. Mr. Mei-gnier, Ingénieur en inftrumens de Mathémati-ques, qui entend très-bien la conftruction des bal-lons aéroftatiques en taffetas & en toile, en a fait, entr'autres, un pour Mr. le Duc de Crillon, en taffetas verni à la gomme copale, qui a eu le plus heureux fuccès, puifqu'il eft refté en l'air douze heures, tandis que celui du champ de Mars ne s'y foutint que 45 minutes.

CHAPITRE XIV.

De la coupe des fufeaux d'un globe.

IL faut jetter les yeux fur le frontifpice ; tout ce que je pourrois dire de la conftruction du ballon ne pourroit être auffi clair que l'examen oculaire de la façon dont ce globe eft fait ; on verra que ce font des bandes, ou fufeaux, affemblés. Il n'y a point d'ouvrier de couture qui ne puiffe en faire un patron pour couper le taffetas, la baudruche ou la toile deftinée à former le ballon. Il faut feule-ment recommander de coudre à points preffés, avec une éguille fine, pour éviter l'évaporation du gaz.

CHAPITRE XV.

De la direction de Ballons aéroſtatiques.

Les moyens de diriger ces Machines, que l'on à propoſés juſqu'à préſent, n'ayant pas été propres au ſuccès; j'ai trouvé très-inutile d'ennuyer le public en lui donnant des deſcriptions romaneſques ſur cet objet. Il eſt plus prudent d'attendre ſi l'on remportera le prix de 1200 liv. dont Mrs. de Fleſſelles, Intendant de la Généralité de Lyon, & le Marquis de St. Vincent, ont fait les fonds, & que l'Académie de la même ville a propoſée ſur *la maniere la plus ſûre et la plus ſimple de diriger à volonté horizontalement les Ballons aéroſtatiques.* Les Mémoires doivent être envoyés avant le premier Décembre 1784.

CHAPITRE XVI.

Obſervations équitables, ſur la lettre de Mr. Joly-de-St.-Valier, relative au ballon aéroſtatique.

Au bruit de la découverte de Mrs. de Montgoıner & des expériences qu'on en a faites, Mr. Joly-de-St. Valier, conçoit la noble entrepriſe de détruire l'intérêt qu'on y doit prendre; & tel qu'un nouveau Mathieu Laensberg, il prédit & ment autant que ſon rival dans la *Lettre ſur les ballons.* Ce qu'on y voit avec le plus de ſurpriſe, eſt l'impu-

dence

dance avec laquelle il ose plaisanter lourdement sur le célebre Franklin, & lui faire tenir de sots propos sur cette invention sublime, qui ne font que du Joly-de-St.-Valier tout pur. Il eût voulut que ce savant Physicien eût dit que ce ne seroit jamais qu'un joujou d'enfant ; il tente ensuite de le prouver par mille & une bévues : — il dit qu'on a tort d'en *rafolir* ; qu'il apprenne le françois, on ne dit point *rafolir* mais *rafoler*. — Il dit que l'air inflammable est *six fois* plus léger que l'air que nous respirons ; c'est une fausseté ; celui tiré du fer est *dix fois* plus léger, & celui de Mrs. de Montgolfier *une fois* plus léger que l'air atmosphérique. — Il dit qu'il est physiquement démontré, qu'un homme doit périr à une hauteur considérable ; c'est une fausseté, puisque Mr. Charles ne s'est point trouvé incommodé à 1700 toises. — Il ne trouve pas l'ombre de réalité dans la descente & l'ascension volontaire du ballon, il soutient qu'on l'a *publié pour se moquer du monde*, & qu'il est impossible d'entretenir & de diminuer à volonté l'air inflammable : que dire d'un homme qui prétend être plus croyable que 50 mille témoins ? n'est-ce pas Mr. Joly qui veut *se moquer du monde* ?

En voilà peut-être assez pour prouver la puérilité & la futilité (*) de cet écrivassier d'un égoïsme insupportable ; cependant il faut achever de le faire connoître : il est l'auteur d'un *Essai* médiocre *sur l'éducation des deux sexes*, dont Mr. de *Feller*, dit-il, a rendu compte dans le *Journal de Luxembourg*, en disant que cette brochure renferme des

____

(*) Ce font les épithetes qu'il donne à la découverte de Mrs. de Montgolfier.

vues profondes, dont un *Rousseau* & un *Montes-quieu* se fussent fait un sujet de gloire. Depuis cet éloge, Mr. *Joly-de-St.-Valier* s'est dit : *Montes-quieu* & *J. J. Rousseau* sont des hommes assez célebres; donc, moi je suis un grand homme. Aussitôt il prend la plume pour régenter le genre-humain ; il compose à sa façon une histoire de la guerre de l'Amérique, à la tête de laquelle il déclare qu'il ne s'est trouvé personne ni chez les anciens, ni chez les modernes, qui ait su écrire l'histoire. Cela veut dire qu'il est enfin l'homme rare qui possede seul les regles de ce genre; on lit son modele, & l'on n'y voit que les effets d'une impuissance marquée & le digne écho des Gazettes.

Il publie ensuite une *Lettre* sur les ballons, à la fin de laquelle il nomme *Voltaire* un *ignorant* & *un charlatan.* Qu'est-ce qu'un charlatan ? C'est un empirique ignorant, qui crie au peuple : Les drogues de mes confreres ne valent pas le diable, les miennes seules ont des propriétés divines. Mr. Joly-de S.-Valier dit la même chose vers la fin de sa *Lettre*, en ces termes : *Que ceux qui me critiquent apportent leur plus bel ouvrage à côté du plus simple que j'ai écrit, c'est là où je les attends, & je me charge de ma justification.* Tous les Lecteurs à présent ne peuvent balancer à rendre justice à Mr. *Joly*, en lui accordant les qualités méritées d'*ignorant* & de *charlatan.*

Fin de la premiere Partie.

TABLE
DES CHAPITRES

Contenus dans cette premiere Partie.

Fin de la Table de la premiere Partie.

TABLE

DE LA SECONDE PARTIE.

Voyages aériens, jusqu'à la derniere expérience du 1 Décembre 1783, où des hommes ont été élevés à la hauteur de 1700 toises.

F I N.

Départ de MM. Charles & Robert, du Jardin des Tuilleries dans leur Machine Aërostatique le 1.er Decembre 1783.

VOYAGES AERIENS,

DE Mrs. PILATRE - DE - ROZIER , GIROUD DE VILLETTE, DU MARQUIS D'ARLANDES ; ET DE Mrs. CHARLES ET ROBERT.

Le voilà donc trouvé, ce Secret étonnant ,
Qu'on chercha tant de fois, & toujours vainement,
Le secret de planer dans la vaste atmosphere

VOYAGES AERIENS.

LETTRE I.

Aux Auteurs du Journal de Paris.
Paris le 20 Octobre 1783.

MESSIEURS,

HIER dix-neuf du courant, en qualité d'adjoint de la Manufacture Royale de M. Reveillon, j'ai obtenu de ces Meſſieurs la gracieuſe permiſſion de monter dans la partie du panier oppoſée à celle où étoit M. Pilatre de Rozier, pour lui ſervir de contre-poids; je me ſuis trouvé preſque dans l'intervalle d'un quart de minute élevé de quatre cents pieds de terre, ſuivant le rapport que l'on m'en a fait; nous reſtâmes dans cette poſition dix minutes. Mon premier ſoin, Meſſieurs, fut d'admirer, à la faveur d'un trou large de quatre pouces, le noble Artiſte que j'avois l'honneur d'accompagner; ſon courage, ſon agilité, fes talens à bien manœuvrer & conduire fon feu m'enchantèrent; en me retournant je diftinguai les boulevards depuis la porte S. Antoine jufqu'à celle de S Martin, tous couverts de monde, qui me paroifloit former une platé-bande allongée de fleurs variées. La rue S. Antoine, les jardins qui nous environnoient me repréfentoient la même chofe; enfuite voulant m'occuper du fujet qui m'avoit engagé à faire ce voyage, je promenai ma vue dans le lointain: d'abord je vis la Butte-Montmartre, qui me fembloit être de moitié plus baffe que notre niveau; je découvris facilement Neuilly, S. Cloud, Seve, Iffy, Ivri, Charenton, Choify, & peut-être Corbeil, que le léger brouillard m'a empêché de diftinguer; dès l'inftant je fus convaincu que cette Machine, peu difpendieufe, feroit très-utile dans une armée pour découvrir la pofition de celle de fon ennemi, fes manœuvres, fes marches, fes difpofitions, & les annoncer par des fignaux aux troupes alliées de la Machine. Je crois qu'en mer il eft égalemen. poffible, avec des précautions, de fe fervir de cette Machine. Voilà, Meffieurs, une utilité inconteftable, que le tems nous perfectionnera; tout mon regret eft de n'avoir pas penfé à me munir d'une lunette d'approche.

J'ai l'honneur d'être, &c.

GIROUD DE VILLETTE.

LETTRE II.

De Monsieur le Marquis d'Arlandes à Monsieur Faujas de Saint Fond.
Paris le 29 9bre. 1783.

Vous le voulez, mon cher Faujas, & je me rends d'autant plus volontiers à vos defirs, que par les queftions que l'on me fait, par les propos invraifemblables qu'on fait tenir à M. Pilatre & à moi, je fens qu'il eft effentiel de fixer l'opinion publique fur les détails de notre Voyage ërien. Quelque perfonnes pourront être étonnées, qu'ayant eu pour compagnon de Voyage un Profeffeur de Phyfique, je ne lui laiffe pas le foin de le décrire; mais toute furprife ceffera quand on fera inftruit, que des perfonnes de la plus haute confidération, jugeant qu'une dernière expérience dans laquelle un homme partiroit en liberté, mettroit le fceau à la gloire de M. Montgolfier, yous communiquèrent leurs idées; que je fus chargé de preffentir M. Montgolfier; qu'il faifit la propofition en homme fage & fûr de fon fait; que je ne laiffai pas échapper cette occafion de le fommer de la parole qu'il m'avoit donnée de me laiffer faire une Expérience en plaine & abandonné. Il y confentit; je partis pour la Muette; je choifis l'emplacement; j'y mis les ouvriers, & le furlendemain tout étoit prêt. Ce ne fut que la veille de l'Expérience, que la prudence, qui dirige toutes les démarches de M. Montgolfier, comme la modeftie couronne tous

A iij

ſes ſuccès, lui ſuggéra de me donner un compagnon de voyage. Il me propoſa M. Pilatre de Rozier ; je l'acceptai avec d'autant plus d'empreſſement, qu'ayant ſuivi enſemble toutes les Expériences qui ſe ſont faites chez M. Reveillon, je connoiſſois parfaitement ſa capacité, ſon courage & ſon intelligence. J'ai donc été choiſi par M. Montgolfier pour conduire cette Expérience. Il eſt permis d'être glorieux de ce choix & peu naturel d'imaginer que je puiſſe céder à un autre le droit acquis de publier ſes ſuccès. Après ce préambule ſans doute trop long, mais que j'ai cru indiſpenſable, je vais décrire, le mieux que je pourrai, le premier Voyage que des hommes ayent tenté avec ſuccès à travers un élément qui, juſques à la découverte de MM. Montgolfier, ſembloit ſi peu fait pour les ſupporter.

Nous ſommes partis le 21 9bre à 1 heure 54 minutes. La ſituation de la Machine étoit telle que M. Pilatre de Rozier étoit à l'oueſt & moi à l'eſt. L'air de vent étoit à peu près nord-oueſt. La Machine, dit le Public, s'eſt élevée avec majeſté ; mais il me ſemble que peu de perſonnes ſe ſont apperçu qu'au moment où elle a dépaſſé les charmilles, elle a fait un demi tour ſur elle-même. Par ce changement, M. Pilatre s'eſt trouvé en avant de notre direction, & moi par conſéquent en arrière. Je crois qu'il eſt à remarquer que de ce moment juſqu'à celui où nous ſommes arrivés, nous avons conſervé la même poſition, par rapport à la ligne que nous avons parcourue : j'étois ſurpris du ſilence & du peu de mouvement que notre départ avoit occaſionnés ſur les Spectateurs, je crus qu'étonnés & peut-être affrayés de ce nouveau ſpectacle, ils avoient befoin d'être raffurés. Je faluai du bras avec affez peu de fuccès ; mais ayant tiré mon mouchoir, je l'agitai & je m'apperçus alors d'un grand mouvement dans le Jardin de la Muette. Il m'a femblé que tous les Spectateurs qui étoient épars dans cette enceinte fe réuniffoient en une feule maffe, & que par un mouvement involontaire, elle fe portoit, pour nous fuivre vers le mur qu'elle fembloit regarder comme le feul obftacle qui nous féparoit. C'eft dans ce moment que M. Pilatre me dit, vous ne faites rien, & nous ne montons guères Pardon, lui répondis-je, mais il falloit bien raffurer ces malheureux humains que nous laiffons là bas dans une fituation moins douce que la nôtre. Je mis une botte de paille, je remuai un peu le feu, & je me retournai bien vite, mais je ne pus retrouver la Muette Etonné, je jette un regard fur le cours de la rivière, je la fuis de l'œil, enfin j'apperçois le confluent de l'Oife. Voilà donc Conflans, & nommant les autres principaux coudes de la riviere par le nom des lieux les plus voifins, je dis : Paffy, Saint Germain, Saint Denis, Seve, donc je fuis encore à Paffy ou à Chaillot. En effet, je regardai par l'intérieur de la Machine, & j'apperçus fous moi la Vifitation de Chaillot. M. Pilatre me dit dans ce moment, voilà la rivière, & nous baiffons ; eh bien, mon cher ami, du feu ; & nous travaillâmes Mais au lieu de traverfer la rivière, comme fembloit l'indiquer notre direction, qui nous portoit fur les Invalides, nous longeâmes l'ifle des Cygnes, rentr âmes fur le principal lit de la rivière, & nous la remontâmes jufqu'au-deffus de la barrière de la Conférence. Je dis à mon brave Compagnon, voilà une rivière qui eft bien difficile à traverfer ;

Je le crois bien, me répondit-il, vous ne faites
rien. --- C'eſt que je ne ſuis pas ſi fort que vous,
& que nous ſommes bien. Je remuai le réchaud,
je ſaiſis avec ma fourche une botte de paille, qui
ſans doute trop ſerrée, prenoit difficilement. Je la
levai & la ſecouai au milieu de la flamme. L'inſtant d'après, je me ſentis comme ſoulevé par-deſ-
ſous les aiſſelles, & je dis à mon cher Compagnon,
pour cette fois nous montons. Oui, nous montons,
me répondit-il, ſorti de l'intérieur, ſans doute pour
faire quelques obſervations. Dans cet inſtant, j'entendis vers le haut de la Machine un bruit qui me
fit craindre qu'elle n'eût crevé. Je regardai & je
ne vis rien. Comme j'avois les yeux fixés au haut de
la Machine, j'éprouvai une ſécouſſe, & c'étoit alors
la ſeule que j'euſſe reſſentie. La direction du mouvement étoit de haut en bas; je dis alors, que
faites-vous, eſt-ce que vous danſez. --- Je ne bouge
pas. ---. Tant mieux, dis-je, c'eſt enfin un nouveau
courant, qui, j'eſpere, nous ſortira de la rivière.
En effet, je me tourne pour voir où nous étions,
& je me trouvai entre l'Ecole Militaire & les Invalides que nous avions dejà dépaſſés d'environ 400
toiſes. M. Pilatre me dit en même tems, nous
ſommes en plaine. Oui, lui dis-je, nous cheminons.
Travaillons, me dit-il, travaillons. J'entendis un
nouveau bruit dans la Machine que je crus produit par la rupture d'une corde. Ce nouvel aver-
tiſſement me fit examiner avec attention l'intérieur
de notre habitation. Je vis que la partie qui étoit
tournée vers le ſud, étoit remplie de trous ronds,
dont pluſieurs étoient conſidérables. Je dis alors à
mon brave Compagnon, il faut deſcendre. --- Pour-
quoi? --- Regardez, lui dis-je. En même tems je

pris mon éponge; j'éteignis aifément le peu de feu qui minoit quelques uns des trous que je pus atteindre; mais m'étant apperçu qu'en appuyant pour effayer fi le bas de la toile tenoit bien au cercle qui l'entouroit, elle s'en détachoit très-facilement, je répétai à mon brave compagnon, il faut defcendre. Il regarda fous lui & me dit, nous fommes fur Paris. N'importe, lui dis je ; mais voyons: n'y a-t-il aucun danger pour vous, êtes-vous bien tenu? Oui. J'examinai de mon côté & j'apperçus qu'il n'y avoit rien à craindre. Je fis plus, je frappai de mon éponge les cordes principales qui étoient à ma portée. Toutes réfiftèrent, il n'y eut que deux ficelles qui partirent Je dis alors, nous pouvons traverfer Paris. Pendant cette opération, nous nous étions fenfiblement approchés des toits. Nous faifons du feu & nous nous relevons avec la plus grande facilité. Je regarde fous moi, & je découvre parfaitement les Miffions étrangères. Il me fembloit que nous nous dirigions vers les tours de St. Sulpice, que je pouvois appercevoir par l'étendue du diametre de notre ouverture. En nous relevant, un courant d'air nous fit quitter cette direction pour nous porter vers le fud. Je vis fur ma gauche une efpèce de bois que je crus être le Luxembourg; nous traverfons le Boulevard, & je m'écrie, pour le coups, pied à terre. Nous ceffons le feu; l'intrépide Pilatre. qui ne perd point la tête, & qui étoit en avant de notre direction, jugeant que nous donnions dans les moulins qui font entre le petit Gentilly & le Boulevard, m'avertit. Je jette une botte de paille, en la fecouant pour l'enflammer plus vivement; nous nous relevons, & un nouveau courant nous porte un peu fur la gauche. Mon brave Compagnon me crie encore, gare les moulins; mais mon coup-d'œil fixé par le diametre de l'ouverture, me faifant juger plus furement de notre direction, je vis que nous ne pouvions pas les rencontrer; & je lui dis, arrivons. L'inftant d'après, je m'apperçus que je paffois fur l'eau. Je crus que c'étoit encore la rivière, mais arrivé à terre, j'ai reconnu que c'étoit l'étang qui fait aller les Machines de la Manufacture de toiles peintes de M.M. Brenier & Comp. Nous nous fommes pofés fur la butte aux Cailles, entre le Moulin des Merveilles & le Moulin Vieux, environ à 50 toifes de l'un & de l'autre. Au moment où nous étions près de terre, je me foulevai fur la gallerie en y appuyant les deux mains; je fentis le haut de la Machine preffer foiblement ma tête; je la repouffai & fautai hors de la gallerie; en me retournant vers la Machine, je crus la trouver pleine; mais quel fut mon étonnement, elle étoit parfaitement vide & totalement applatie. Je ne vois point M. Pilatre, je cours de fon côté pour l'aider à fe débarraffer de l'amas de toile qui le couvroit; mais avant d'avoir tourné la Machine, je l'apperçus fortant de deffous en chemife, attendu qu'avant de defcendre, il avoit quitté fa redingotte & l'avoit mife dans fon pannier. Nous étions feuls, & pas affez forts pour renverfer la gallerie & retirer la paille qui étoit enflammée. Il s'agiffoit d'empêcher qu'elle ne mît le feu à la Machine. Nous crûmes alors que le feul moyen d'éviter cet inconvénient étoit de déchirer la toile. M. Pilatre prit un côté, moi l'autre, & en tirant violemment, nous découvrîmes le foyer. Du moment qu'il fut délivré de la toile qui empêchoit la communication de l'air, la paille s'enflamma avec force. En fecouant un des paniers , nous jettons le feu fur celui qui avoit tranfporté mon Compagnon ; la paille qui y reftoit prend feu ; le peuple accourt , fe faifit de la redingotte de M. Pilatre & fe la partage. La Garde furvient; avec fon aide, en dix minutes notre Machine fut en fûreté, & une heure après elle étoit chez M. Reveillon, où M. Montgolfier l'avoit fait conftruire.

La première perfonne de marque que j'aie vue à notre arrivée, eft M. le Comte de Laval. Bientôt après , les Couriers de M. le Duc & de Mdme la Duchefle de Polignac , vinrent pour s'informer de nos nouvelles. Je fouffrois de voir mon brave compagnon en chemife; & craignant que fa fanté n'en fût altérée , vu que nous nous étions très-échauffés en pliant la Machine , j'exigeai de lui qu'il fe retirât dans la première maifon ; le Sergent de garde l'y efcorta pour lui donner la facilité de percer la foule. Il rencontra fur fon chemin Mgr. le Duc de Chartres , qui nous avoit fuivis , comme l'on voit, de très-près, car j'avois eu l'honneur de caufer avec lui un moment avant notre départ; enfin, il nous arriva des voitures ; il fe faifoit tard ; M. Pilatre n'ayant qu'une mauvaife redingotte qu'on lui avoit prêtée, ne voulut point venir à la Muette. Je partis feul, quoiqu'avec le plus grand regret de quitter mon brave Compagnon.

Voilà , mon cher Faujas , un récit bien long & bien diffus ; mais vous l'avez voulu. J'efpère que vous ferez moins mécontent du Mémoire que l'Académie m'a chargé de rédiger, que vous y trouverez quelques remarques intéreffantes , & je crois, un moyen de fe diriger à volonté.

Je fuis, &c.

Copie du Procès-verbal dressé au Château de la Muette après l'Expérience de la Machine Aéroflatique de M. Montgolfier.

AUjourd'hui 21 Novembre 1783, au château de la Muette, on a procédé à une Expérience de la Machine Aéroftatique de M Montgolfier.

Le ciel étant couvert de nuages dans plufieurs parties, clair dans d'autres, le vent nord-ouell

A midi huit minutes, on a tiré une boîte qui a fervi de fignal pour annoncer qu'on commençoit à remplir la Machine. En huit minutes, malgré le vent, elle a été développée dans tous les points & prête à partir, M. le marquis d'*Arlandes* & M. *Pila-tre de Rozier* étant dans la galerie.

La première intention étoit de faire enlever la Machine & de la retenir avec des cordes, pour la mettre à l'épreuve, étudier les poids exacts qu'elle pouvoit porter, & voir fi tout étoit convenable-ment difpofé pour l'Expérience importante qu'on alloit tenter.

Mais la Machine pouffée par le vent, loin de s'éle-ver verticalement, s'eft dirigée fur une des allées du jardin, & les cordes qui la retenoient, agiffant avec trop de force, ont occafionné plufieurs déchiru-res, dont une de plus de fix pieds de longueur. La Machine, ramenée fur l'eftrade, a été réparée en moins de deux heures.

Ayant été remplie de nouveau, elle eft partie à une heure 54 minutes, portant les mêmes perfonnes; on l'a vu s'élever de la manière la plus majeftueufe,

& lorfqu'elle a été parvenue à environ 250 pieds de hauteur, les intrépides Voyageurs, baiffant leurs chapeaux , ont falué les Spectateurs. On n'a pu s'empêcher d'éprouver alors un fentiment mêlé de crainte & d'admiration.

Bientôt les Navigateurs aëriens ont été perdus de vue; mais la Machine, planant fur l'horizon & étalant la plus belle forme, a monté au moins à trois mille pieds de hauteur, où elle eft toujours reftée vifible : elle a traverfé la Seine au deffous de la barrière de la Conférence , & paffant de-là entre l'Ecole Militaire & l'Hôtel des Invalides, elle a été à portée d'être vue de tout Paris.

Les voyageurs fatisfaits de cette Expérience, & ne voulant pas faire une plus longue courfe, fe font concertés pour defcendre ; mais s'appercevant que le vent les portoit fur les maifons de la rue de Séve, F. S. G , ils ont confervé leur fens-froid , & développant du gaz, ils fe font élevés de nouveau, & ont continué leur route en l'air jufqu'à ce qu'ils ayent eu dépaffé Paris.

Ils font defcendus alors tranquillement dans la campagne, au-delà du nouveau boulevard , vis-à-vis le moulin de *Croulebarbe*, fans avoir éprouvé la plus légère incommodité, ayant encore dans leur galerie les deux tiers de leur approvifionnement ; ils pouvoient donc , s'ils l'euffent defiré, franchir un efpace triple de celui qu'ils ont parcouru ; leur route a été de 4 à 5000 toifes , & le tems qu'ils y ont employé de 20 à 25 minutes.

Cette Machine avoit 70 pieds de hauteur, 46 pieds de diamètre; elle contenoit 60000 pieds cubes d'air . & le poids qu'elle a enlevé étoit d'environ *feize à dix-fept cents livres.*

Fait au Château de la Muette, à cinq heures du
foir. *Signé*, le Duc *de Polignac*, le Duc *de Guines*,
le Comte *de Polaſtron*, le Comte *de Vaudreuil*, d'*Hu-
naud*, Banjamin *Franklin*, *Faujas de Saint Fond*, *De-
liſle*, *Leroy*, de l'Académie des Sciences.

*VERS adreſſés à M. FAUJAS DE SAINT FOND,
par M. Gudin de la Brenellerie, fur le Voyage aërien
de M. le Marquis d'Arlandes & de M. Pilatre de
Rozier.*

LE voilà donc trouvé ce fecret étonnant
Qu'on chercha tant de fois & toujours vainement ;
Ce fecret de planer dans la vaſte atmoſphère.
Si le premier mortel qui franchit l'onde amère,
Infenſible à l'effroi renfermoit dans fon fein
Un cœur de diamant armé d'un triple airain ;
Quelle intrépide audace avez vous donc dans l'ame
Vous qui franchiſſez l'air fur des aîles de flamme ;
Qui bravez à la fois ces élémens fougueux ;
Qui, domptant l'un par l'autre, enchaînez tous les deux ;
Qui portés les premiers au féjour des orages
Avez volé longtems au-deſſus des nuages ?
Je n'exagère rien. D'Arlandes, de Rozier,
Difciples généreux qu'a formés Montgolfier,
Rendez-nous familier cet Art qui vient de naitre ;
De tous les élémens que l'homme enfin foit maitre.
Tous les Arts aujourd'hui doivent vous célébrer ;
Le pinceau fur la toile en l'air doivent vous montrer :
Tout cœur né pour fentir votre noble courage
Doit demander au bronze, au marbre votre image.
Qu'entre vous Montgolfier par les Mufes placé
Vous montre quel chemin fon audace a tracé,
C'eſt lui qui vous ouvrit cette route effrayante ;
Sur un braſier ardent il a poſé fa tente :
Dominant en vainqueur l'élément le plus fier,
Sa voix commande au feu de la porter dans l'air.
Le feu brille, elle part, & s'élançant de terre
Flotte majeſtueufe au fein de l'atmoſphère.

En la fuivant de l'œuil dans fon vol étonnant,
En la voyant percer ce mobile élément,
En voyant ce brafier, ce feu qui le couronne,
J'ai cru, je l'avouerai, j'ai cru voir de mes yeux
La tente du Dieu Mars, & l'autel de Bellonne,
Que d'Eole foumis les fils impétueux
A l'afpect de la Paix reportoient dans les Cieux.
Le génie irrité ne connoît point d'obftacle.

O vous à qui déjà tous nos cœurs font offerts,
Jeune Enfant, dont les yeux à peine encore ouverts,
Sans pouvoir le comprendre ont vu ce grand fpectacle.
Qu'un fiècle moins inftruit eut pris pour un miracle,
Fils de cent Souverains que les Arts vous foient chers;
Aimez-les : quelque jour ils feront votre gloire.
Et des Rois, vos ayeux, ceux que vante l'Hiftoire,
Ont tous aimé les Arts, ils les ont protégés.
Surtout par vos regards qu'ils foient encouragés.
L'œil des Rois doit chercher le Savant & le Sage.
Le mérite eft timide, & quelquefois fauvage.
Il ne fait pas prier : il craint de s'avilir :
Et fouvent on l'a vu préférer de périr.
Ce Louis, qui fonda la ville où vous naquites,
Qui de l'autorité recula les limites,
Qui joignit les deux mers, qui renferma nos loix,
Qui fit fleurir fous lui tous les Arts à la fois,
Qui déroba Molière aux coups de l'Hypocrite,
Dans fon humble foyer recherchoit le mérite :
Il prévint par fes dons le modefte favant,
Qu'un Miniftre à fa porte attendoit vainement.
La main qui dirigeant aujourd'hui votre enfance,
A conduit Montgolfier près de votre berceau,
A fait voir à vos yeux ce-fpectacle nouveau,
Ce prodige étonnant d'audace & de Science,
Des Arts dans votre cœur veut imprimer l'amour.
Celui-ci, comme vous, vient de prendre naiffance,
Vous êtes de même âge, & vous pourrez un jour,
Si vous le protégez d'une main tutélaire,
Le voir étendre encor fa nouvelle lumière,
Annoncer votre gloire, & la faire envier
Aux Rois qui pour fujet n'ont qu'un peuple guerrier.

Extrait du Journal de Paris du 2 décembre 1783.

LE départ de la Machine Aéroſtatique, conſ-
truite par MM. Charles & Robert, a eu lieu hier
aux Tuileries à 1 heure 40 minutes; cette expérience avoit attiré un concours prodigieux de ſpectateurs. Il s'étoit répandu que MM. Charles & Robert ne partiroient point à Balon perdu; auſſi la
ſenſation a-t-elle été bien plus vive, alors qu'on a
vu la Machine s'élever librement dans les airs,
portant MM. Charles & Robert, jeune, dans un
char qui devenoit pour eux un char de triomphe;
& peut-être que jamais triomphateur n'a joui de
plus d'applaudiſſemens; mais il a fallu que les Voyageurs raſſuraſſent par leur ſécurité. En effet le départ a été aſſez ſilencieux, le public étant d'abord
partagé entre la ſurpriſe & la crainte : bientôt les applaudiſſemens ſont devenus généraux, & il n'y a
plus eu qu'un vœu pour le retour de nos nouveaux
Argonautes. La Machine s'éloignant, on a ſuppléé
aux battemens des mains en élevant les chapeaux;
les Suiſſes même ont participé à la joie publique, en
balançant leurs ſabres en l'air. Jamais les Sciences
n'ont offert un ſpectable auſſi majeſtueux, auſſi im-
poſant, & la Nation doit s'énorgueillir d'une découverte que nous aurions reléguée, il y a ſix mois,
dans la claſſe des menſonges hiſtoriques, ſi on nous
l'eut citée, même d'Archimède. M. de la Lande,
de l'Académie des Sciences, enthouſiaſmé de cette
ſuperbe expérience, & convaincu du ſuccès qu'elle
devoit

devoit avoir, a follicité, comme une faveur, de monter dans la Machine pour y fuivre fpécialement les Expériences qui avoient été arrêtées; mais il étoit jufte de laiffer cette préférence à MM. *Charles* & *Robert*.

Le tems ne nous permet pas d'entrer dans le détail des préliminaires de cette Expérience qui n'aura point été oifeufe; car on n'a pas eu feulement pour objet de fatisfaire la curiofité publique; les Sciences auront à s'enrichir de découvertes précieufes. Ce n'eft pas qu'on ne foit parvenu à des haureurs plus confidérables, peut-être; mais l'air des montagnes participe des émanations du fol & n'eft qu'une atmofphère terreftre. Il nous fuffit de prévenir que M. *Meunier*, Lieutenant au Corps Royal du Génie, a été prié par plufieurs Membres de l'Académie Royale des Sciences, dont il eft Correfpondant, de rédiger le plan des obfervations & des fignaux qui les ont précédées. Nous n'anticiperons point fur le compte qui en fera rendu ci-après.

Avant l'afcenfion de la Machine Aéroftatique, on a lancé un petit Globe verd, & cet honneur a été réfervé à M. *Montgolfier*. Ce premier Globe a monté perpendiculairement, & a été apperçu l'efpace de 5 minutes, & de 14 par des vues perçantes qui n'avoient ceffé de le fixer. Au bout de 5 minutes, il paroiffoit comme une émeraude, & bientôt après comme une étoile. Il a été dirigé par le vent d'oueft, & la Machine Aéroftatique par le vent de fud-eft.

Copie du Procès - verbal qui nous a été envoyé hier par Mgr le Duc de Chartres. 1 Déc. 1753.

Nous foussignés *Charles*, *Robert*, Jean *Bargatet*, Curé de Nesle, & Charles *Philippet*, Curé de Fref-noy ; Thomas *Hutin*, Sindic perpétuel de ladite Paroisse, & *L'heureux*, Curé d'Hédouville, certifions que la Machine Aéroftatique eft defcendue entre *Nesle* & *Hédouville*, (environ *neuf lieues* de Paris) dans la prairie de *Nesle*, à trois heures trois quarts ; en foi de quoi nous avons figné ce Procès-verbal écrit dans le Char Aéroftatique, par moi *Charles*. *Suivent les fignatures des perfonnes ci-deffus dénommées.*

Mgr. le Duc *de Chartres* & M. le Duc *de Fitz-James*, qui font arrivés au moment de la defcente de la Machine, ont honoré le Procès-verbal de leurs fignatures.

Nota. A quatre heures & un quart M. *Charles*, feul, eft reparti dans la même Machine en préfence des mêmes témoins.

LETTRE III.

De M. Charles aux Auteurs du Journal de Paris.

Paris le 2 Déc 1783, à 6 heures du soir.

L'Intérêt dont j'apprends que le public m'a honoré me fait un devoir de lui adresser, à mon arrivée, une courte notice de la suite de mon voyage. Parti seul dans la Machine Aéroftatique, à 4 heures un quart, de la prairie de Nesle, avec une légereté spécifique évaluée environ à 125 livres, je fus élevé par une vitesse, telle qu'en 10 minutes, je suis parvenu à une hauteur où le Baromètre, de 28 pouces 4 lig. qu'il étoit à terre, a descendu à 18 pouces 10 lig. ce qui, par évaluation, fait à peu-près quinze cents vingt-quatre toises. De son côté, le Thermomètre, qui marquoit à terre 7 dégrés & demi au-dessus de 0, est descendu dans cet intervalle à 5 dégrés au-dessous de 0, terme de la glace; enforte qu'en 10 minutes, j'ai passé de la température du printems à celle de l'hiver. Cette transition presque subite de 12 dégrés ne m'a fait éprouver d'autres sensation que celle d'un froid très-sec & par conséquent moins insupportable.

La nuit, le froid, & sur-tout l'engagement que j'avois contracté avec Mgr. le Duc de Chartres, m'ont déterminé à descendre au bout de 35 minutes. j'ai mis pied à terre dans les friches du bois de *la Tour du Lay.* La distance que j'ai parcourue pendant ces 35 minutes étoit, par terre, d'une lieue

& demie; mais j'en ai fait plus de trois dans les airs, relativement à des déviations fréquentes, dont quelques unes m'ont ramené fur moi-même. J'ai couché hier chez M. *Farrer*, Gentilhomme Anglois, qui, m'ayant apperçu dans ma route aërienne, s'eft trouvé à ma defcente. Parti aujourd'hui de chez lui à dix heures du matin, après m'être occupé de vider & ployer le Globe, je fuis arrivé à Paris à cinq heures & demie du foir. J'obferve, Meffieurs, qu'indépendamment du voyage heureux que M. *Robert* & moi avons fait, il n'eft arrivé aucune efpèce d'accident à la Machine.

J'ai l'honneur d'être, &c.

L E T T R E I V.

Aux Auteurs du Journal de Paris.

A Pontoife, le 1 Déc. 1783.

M E S S I E U R S,

J'Etois aujourd'hui, à trois heures moins un quart après midi, chez M. de Monthiers, Lieutenant Général au Baillage de cette Ville. Nous étions prêts à fortir enfemble, lorfqu'un domeftique vint nous dire que l'on voyoit une groffe Machine en l'air. Nous nous fommes portés fur le champ à une des fenêtres du falon, & nous avons apperçu très-diftinctement le Ballon Aéroftatique dont l'Expérience a été faite à Paris. Il étoit à trois ou quatre lieues environ de cette Ville & à une élévation fort confidérable que nous n'avons pu eftimer. Sa direction étoit du fud à l'eft. D'abord nous nous fommes flattés que le vent, au gré duquel il voguoit, nous l'ameneroit ; mais nous avons enfuite perdu l'efpérance de le voir planer majeftueufement fur nos têtes. Afin de mieux obferver fa marche, je me fuis tranfporté chez moi où j'ai un affez bon télefcope de Dollond. Je fuis monté à mon bellevedère, & de là j'ai diftingué très-bien cette belle Machine. Les rayons du foleil qui frappoient fur le Ballon lui donnoient une couleur brillante femblable à celle de gorge de pigeon. La Machine m'a paru abfolument ronde par le haut & le contour, mais finiffant en poire par le bas. A cette dernière partie étoit fufpendue une efpèce de grande cage quarrée. J'ai cru y diftinguer deux perfonnes, dont une étoit habilllée de blanc. A la hauteur des paroiffes d'Anvers & Meriel j'ai vu briller, dans ce que j'appelle la cage, du feu qui s'eft fubitement allumé & qui a duré quelques minutes. La Machine étoit alors à deux lieues à-peu-près de cette Ville. J'allois perdre ce fpectacle agréable de vue par une colline qui me l'auroit derobé, lorfque M. le Lieutenant Général m'a envoyé avertir qu'il étoit fur la tour de St. Maclou. Je m'y fuis à l'inftant tranfporté avec mon télefcope. Nous l'avons obfervée jufqu'à fa defcente en terre. Si le brouillard qui couvroit tout l'horizon ne nous à pas trompé, la Machine a touché la terre à quatre heures & demie, & nous avons eftimé qu'elle n'étoit pas à plus de trois lieues d'ici dans les environs d'Hérouville & de Frouville. Sa defcente étoit lente & progreffive, & certainement les Voyageurs Aériens que j'ai cru voir font arrivés à bon port. Ma Lettre

ne contient rien de bien intéreſſant, & ſous ce point
de vue j'aurois pu me diſpenſer d'avoir l'honneur
de vous l'adreſſer. Mais, conſidérant que l'on peut
avoir quelque inquiétude à Paris ſur le ſort de la
Machine, j'ai penſé que vous ne ſeriez pas fâchés
d'inſtruire demain le Public que les Voyageurs
Aëriens ſont dans le Vexin François à onze ou
douze lieues de Paris. Il n'eſt donc plus impoſſible
actuellement d'aller à travers les airs & avec l'agilité de l'oiſeau, de la Gaule Celtique dans la Gaule
Belgique. Pendant une heure & demie que j'ai eu
l'œil ſur la Machine Aéroſtatique, elle a vogué
preſque toujours à la même hauteur & dans la même
direction avec la viteſſe des nuées. Il me feroit difficile de rendre le plaiſir que j ai éprouvé en obſer-
vant ſa marche étonnante & majeſtueuſe. Je ſou-
haite que les hardis Navigateurs Aëriens vous por-
tent de leurs nouvelles avant que la préſente vous
parvienne, ils vous donneront des détails d'un tout
autre intérêt.

Je ſuis, &c. PIHAN DE LA FOREST, *Procureur du
Roi au Baillage & Subdélégué.*

*Vers de Mr. LABLE'E, Avocat au Parlement, à
Mr. CHARLES, son Compatriote, après la
sublime expérience de son globe aéroftatique, faite
aux Tuileries le 19 8bre. 1783.*

A Toi, frere de Montgolfier,
Par les talens & le génie,
Je te falue, ô le premier,
Des grands hommes de ma Patrie ! (*)
Je n'avois pas encore vingt ans,
Qu'à ce titre j'ofois prétendre;
Sur mon luth je faifois entendre
Des fons qu'on trouva difcordans;
Dès lors transfuge de la gloire.
Dans mon dépit je fis ferment
De ne jamais être l'amant
Des doctes filles de Mémoire;
Mais j'ai vû ton fuccès flatteur,
Et lorfque Paris te couronne,
Ma Mufe eft fière de l'honneur
D'ajouter du moins une fleur
Aux nouveaux lauriers qu'il te donne.
  CHARLES, de l'immortalité,
Tu viens de franchir la barrière;
Et déjà la célébrité
Te fuit dans ta noble carrière.
CHARTRES, Protecteur des Beaux Arts,
Encourage ton induftrie;
Lui, qui d'un feul de fes regards
Aux talens donneroit la vie.
Va, pourfuis ton vol glorieux,
Sois fûr que nos derniers neveux,
A ton génie, à ton courage
Rendront un jour le même hommage,
Que jadis on rendoit aux Dieux.

(*) Baugenci, Ville de l'Orléanois.

Quel honneur pour toi, ma Patrie,
Ville ignoré, ô Baugenci!
CHARLES t'a tiré de l'oubli;
Ton nom dans la Géographie
Ne paroîtra plus qu'agrandi.
Vers cette fertille Contrée,
CHARLES, si tu veux voyager
Au sein de la plaine Azurée,
Je suis prêt à t'accompagner;
Mais prends bien garde que la terre
Tout-à-coup s'échappe à nos yeux;
Je ne veux point aller aux Cieux;
Si je ne voyois plus Glicere,
Ma foi le séjour du tonnere
Me sembleroit bien ennuyeux.

VERS faits après l'expérience du Globe Aérostatique de MM. Charles & Robert.

QUOI! jadis on aura vanté
La hardiesse d'un Numide,
Montant un Coursier indompté;
On aura mille fois cité,
Des travaux fabuleux d'Alcide,
Le conte à plaisir inventé;
Nos Poëtes auront chanté
L'effort du mortel intrépide,
Qui loin du rivage emporté,
A pu, sans boussolle & sans guide,
Braver de l'élément humide,
Le sein par les vents agité:
Et lorsqu'à travers les nuages,
D'autres s'élevent les premiers,
S'ouvrent à nos yeux des sentiers,
Jusques au séjour des orages,
Sûrs de leur immortalité;
Nous n'oserions pas à l'Histoire,
Transmettre leur célébrité,
Et sommer la postérité,
De rendre hommage à leur mémoire!
Montrons-nous juste une fois;
Décernons la palme au mérite;

Et que la Déesse aux cent voix,
Des mers franchissant la limite ;
Aille conter en mille endroits,
Qu'aux Sciences la France ouverte,
Enrichit d'une découverte,
Le Siecle du meilleur des Rois.
    Mais, parmi nous, qui pourra rendre
Ce trouble, ce saisissement,
Cet intérêt pénible & tendre,
Que l'on éprouve au même instant
Pour le Voyageur étonnant,
Qui, planant déjà sur nos têtes,
Semble en son vol majestueux,
Choisir sa place dans les Cieux,
Entre la foudre & les tempêtes.
Digne Rivaux de *Montgolfier*,
De *l'Arlandes*, de *des Rozier*,
Charles, *Robert*, couple sublime,
D'un encens pur & légitime,
Vous pouvez vous glorifier,
Et ceindre vos fronts du laurier,
Qui vous est offert tout entier,
Par le respect & par l'estime.

Par M. VIGE'E.

A MM. *Charles* & *Robert* , *qui m'ont jetté leurs chapeaux , en montant dans leur Char Aéroslatique.*

Je garde vos chapeaux, & j'en aurai grand soin,
Mes amis, je rends grace au fort qui me les donne ;
    D'un chapeau qu'avez-vous besoin,
    Lorsque la gloire vous couronne ?

Par M. DELAVOIEPIERRE ; *à l'hôtel des Américains.*

Discours que Mr. Charles a prononcé sur son voyage Aérien, à l'ouverture de son cours de Physique.

Nous avons fait précéder notre ascension, de l'enlèvement d'un Globe de cinq pieds huit pouces; nous l'avions distiné à nous faire connoître la première direction du vent, & à nous frayer à-peuprès la route que nous allions prendre. Nous l'avons fait présenter à M. Montgolfier, que nos amis avoient eu soin de placer dans l'enceinte autour de Nous; M. Montgolfier coupa la corde, & le Globe s'élança. Le Public a compris cette allégorie simple: j'ai voulu faire entendre qu'il avoit eu le bonheur de tracer la route.

Le Globe échappé des mains de M. Montgolfier s'élança dans les airs, & sembla y porter le temoignage de notre réunion; les acclamations l'y suivoient. Pendant ce tems nous préparions à la hâte notre fuite; les circonstances orageuses qui nous pressoient, nous empêchèrent de mettre à nos dispofitions toute la précision que nous nous étions proposée la veille. Il nous tardoit de n'être plus sur la terre. Le Globe & le Char en équilibre touchoient encore au sol qui nous portoit; il étoit une heure trois quarts. Nous jettons 19 livres de lest, & nous nous élevons au milieu du silence concentré par l'émotion & la surprise de l'un & de l'autre parti. Jamais rien n'égalera ce moment d'hylarité qui s'empara de mon existence, lorsque je sentis que je fuyois la terre; ce n'étoit pas du plaisir, c'étoit du bonheur. Echappé aux tourmens affreux de la persécu-

tion & de la calomnie, je fentis que je répondois
à tout en m'élevant au-deffus de tout. A ce fentiment moral fuivit bientôt une fenfation plus vive
encore; l'admiration du majeftueux fpectacle qui
s'offroit à nous; de quelque côté que nous abaiffions
nos regards, tout étoit tête; au-deffus de nous,
un ciel fans nuage, dans le lointain. l'afpect le plus
délicieux. Oh! mon ami, difois-je à M. Robert,
quel eft notre bonheur! J'ignore dans quelle dif-
pofition nous laiffons la terre; mais comme le ciel
eft pour nous! quelle férénité! quelle fcène ravif-
fante! Que ne puis je tenir ici le dernier de nos
détracteurs, & lui dire: regarde, malheureux, tout
ce qu'on perd à arrêter le progrès des Sciences.

Tandis que nous nous élevions progreffivement
par un mouvement accéléré, nous nous mîmes
à agiter dans l'air nos banderoles en figne d'allégreffe, & afin de rendre la fécurité à ceux qui prenoient intérêt à notre fort; pendant ce tems, j'ob-
fervois toujours le baromètre. M. Robert faifoit
l'inventaire de nos richeffes : tous nos amis avoient
lefté notre Char, comme pour un voyage de long
cours; vins de Champagne. &c., couvertures, & four-
rures, &c. Bon, lui dis je, voilà de quoi jetter
par la fenêtre. Il commença par lancer une couver-
ture de laine à travers les airs; elle s'y déploya
majeftueufement, & vint tomber auprès du dôme
de l'Affomption. Alors le baromètre defcendit environ à 26 pouces; nous avions ceffé de monter,
c'eft-à-dire que nous étions élevés environ à 300
toifes. C'étoit la hauteur à laquelle j'avois promis
de nous contenir; & en effet, depuis ce moment
jufqu'à celui où nous avons difparu au yeux des
Obfervateurs en ftations, nous avons toujours com-

posé notre marche horisontale entre 26 pouces de
mercure, & 26 pouces 8 lignes; ce qui s'est trouvé
d'accord avec les observations de Paris. Nous avions
soin de perdre du lest à mesure que nous descen-
dions par la perte insensible de l'air inflammable,
& nous nous élevions sensibement à la même hauteur. Si les circonstances nous avoient permis de mettre plus de précision à ce lest, notre marche eut
été presqu'absolument horisontale & à volonté.

Arrivés à la hauteur de Mousseaux, que nous
laissions un peu à gauche, nous restâmes un instant stationnaire. Notre char se retourna, & enfin
nous filâmes au gré du vent. Bientôt nous passons
la Seine entre Saint Ouen & Asnières, & telle fut
à peu-près notre marche aërografique, laissant Colombe sur la gauche, passant presque au-dessus de
Gennevilliers. Nous avons traversé une seconde fois
la rivière, en laissant Argenteuil sur la gauche;
nous avons passé à Sanois, Franconville, Eaubonne,
Saint-Leu-Taverny, Villiers, traversé l'Isle-Adam,
& enfin Nesle, où nous sommes descendus. Tels
sont à peu près les endroits sur lesquels nous avons
dû passer presque perpendiculairement. Ce trajet
fait environ neuf lieues de Paris, & nous l'avons
parcouru en deux heures, quoiqu'il n'y eût dans
l'air presque pas d'agitation sensible. Durant tout le
cours de ce délicieux voyage, il ne nous est pas
venu en pensée d'avoir la plus légère inquiétude
sur notre sort & celui de notre Machine. Le Globe
n'a souffert d'autre altération que les modifications
successives de dilatation & de compression dont nous
profitions pour monter & descendre à volonté d'une
quantité quelconque. Le Thermomètre a été pendant plus d'une heure entre 10 & 12 dégrés au-

deſſus de o, ce qui vient de ce que l'intérieur de notre Char étoit réchauffé par les rayons du Soleil. Sa chaleur ſe fit bientôt ſentir à notre Globe & contribua, par la dilatation de l'air inflammable inférieur, à nous tenir à la même hauteur ſans être obligés de perdre de notre leſt; mais nous faiſions une perte plus précieuſe; l'air inflammable, dilaté par la chaleur ſolaire, s'échappoit par l'appendice du globe, que nous tenions à la main & que nous lâchions ſuivant les circonſtances pour donner iſſue à l'air trop dilaté. C'eſt par ce moyen ſimple que nous évitions ces expanſions & ces exploſions que les perſonnes peu inſtruites redoutoient pour nous. L'air inflammable ne pouvoit pas briſer ſa priſon, puiſquè la porte lui en étoit toujours ouverte, & l'air atmoſphérique ne pouvoit entrer dans le Globe, puiſque ſa preſſion même faiſoit de l'appendice une véritable ſoupape qui s'oppoſoit à ſa rentrée.

Au bout de 56 minutes de marche, nous entendîmes le coup de canon qui étoit le ſignal de notre diſparution aux yeux des Obſervateurs de Paris. Nous nous réjouîmes de leur avoir échappé. N'étant plus obligé de compoſer ſtrictement notre courſe horizontale, ainſi que nous avions fait juſqu'alors, nous nous ſommes abandonnés plus entièrement aux ſpectacles variés que nous préſentoit l'immenſité des campagnes au-deſſus deſquelles nous planions; dès ce moment nous n'avons plus ceſſé de converſer avec leurs Habitans que nous voyions accourir vers nous de toutes parts; nous entendions leurs cris d'allégreſſe, leurs vœux, leur ſollicitude, en un mot l'allarme de l'admiration. Nous crions vive le Roi, & toutes les campagnes répondoient à nos cris. Nous entendions très-diſtinctement, *mes bons amis, n'avez-vous point peur! n'êtes-vous point malades! Dieu, que c'est beau! Nous prions Dieu qu'il vous conserve: adieu, mes amis!* j'étois touché jufqu'aux larmes de cet intérêt tendre & vrai qu'infpiroit un fpectacle auffi nouveau. Nous agitions fans ceffe nos pavillons & nous nous appercevions que ces fignaux redoubloient l'allégreffe & la fécurité. Plufieurs fois nous defcendions affez bas pour mieux nous faire entendre; on nous demandoit d'où nous étions partis & à quelle heure, & nous montions plus haut en leur difant adieu. Nous jettions fucceffivement, & fuivant les circonftances, redingottes, manchons, habits; planant au-deffus de l'Ifle Adam, après avoir admiré cette délicieufe campagne, nous fîmes encore le falut des pavillons; nous demandâmes des nouvelles de Mgr. le Prince de Conti: on nous cria avec un porte voix qu'il étoit à Paris, qu'il en feroit bien fâché. Nous regrettions de perdre une fi belle occafion de lui faire notre cour, & nous ferions en effet defcendus au milieu de fes jardins fi nous avions voulu; mais nous prîmes le parti de prolonger encore notre courfe, & nous remontâmes; enfin nous arrivons près des plaines de Nefle. Il étoit trois heures & demie paffées; j'avois le deffein de faire un fecond voyage & de profiter de nos avantages ainfi que du jour. Je propofai à M. Robert de defcendre. Nous voyions de loin des grouppes de Payfans qui fe précipitoient devant nous à travers les champs. Laiffons-nous aller, lui dis-je; alors nous defcendîmes vers une vafte prairie. Des arbuftes, quelques arbres bordoient fon enceinte. Notre char s'avançoit majeftueufement fur un plan incliné très-prolongé. Arrivé près de ces arbres, je craignis que leurs branches ne vinffent heurter le Char. Je jet-

tai deux livres de left, & le Char s'éleva par-deffus,
en bondiffant à-peu-près comme un courfier qui
franchit une haie. Nous parcourumes plus de vingt
toifes à un ou deux pieds de terre ; nous avions l'air
de voyager en traîneau. Les Payfans couroient après
nous fans pouvoir nous atteindre, comme des en-
fans qui pourfuivent des papillons dans une prairie.
Enfin nous prenons terre. On nous environne. Rien
n'égale la naïveté ruftique & tendre, l'effufion de
l'admiration & de l'allégreffe de tous ces Villageois.

Je demande fur le champ les Curés, les Syndics,
ils accouroient de tous côtés ; il étoit fête fur le
lieu. Je dreffai auffitôt un court procès verbal,
qu'ils fignèrent. Arrive un grouppe de Cavaliers
au grand galop ; c'étoit Mgr. le Duc de Chartres,
M. le Duc de Fitz-James, & M. Farrer, Gentilhomme Anglois, qui nous fuivoient depuis Paris.
Par un hazard très-fingulier, nous étions defcendu
auprès de la maifon de chaffe de ce dernier. Il faute
de deffus fon cheval, s'élance fur notre char, &
dit en m'embraffant, *M. Charles, moi premier.*
Nous fûmes comblés des careffes du Prince, qui
nous embraffa tous deux dans notre Char, & eut
la bonté de figner notre procès-verbal ; M. le Duc
de Fitz-James en fit autant ; M. Farrer le figna trois
fois de fuite. On a omis fa fignature dans le Journal, parce qu'on n'a pu la lire ; il étoit fi agité de
plaifir, qu'il ne pouvoit écrire. De plus de cent
Cavaliers qui couroient après nous depuis Paris, &
que nous appercevions à peine du haut de notre
Char, c'étoient les feuls qui aient pu nous joindre.
Les autres avoient crevé leurs chevaux ou y avoient
renoncé. Je racontai brièvement à Mgr. le Duc de
Chartres quelques circonftances de notre Voyage.

Ce n'eſt pas tout, Monſeigneur, ajoutai-je en fou-
riant, je m'en vas repartir. --- Comment, repartir?
--- Monſeigneur, vous allez voir Il y a mieux:
quand voulez-vous que je deſcende? --- Dans une
demi heure. -- Eh bien! ſoit, Monſeigneur, dans
une demi heure je ſuis à vous. M. Robert deſcendit du Char, ainſi que nous en étions convenus en
voyageant. Trente Payſans ſerrés autour & appuyées
deſſus, & le corps preſque plongés dedans, l'em-
pêchoient de s'envoler. je demandai de la terre
pour me faire un leſt; il ne m'en reſtoit plus
que trois ou quatre livre. On va chercher une
bêche, qui n'arrive point. Je demandai des pierres,
il n'y en avoit point dans la prairie. Je voyois le
tems s'écouler, le ſoleil ſe coucher. Je calculai
rapidement la hauteur poſſible où pouvoit
m'élever la légéreté ſpécifique de 130 que je ve-
nois d'acquérir par la deſcente de M Robert, &
je dis à Mgr. le Duc de Char res : Monſeigneur,
je pars. Je dis aux payſans : mes amis, retirez-vous
tous en même tems des bords du Char, au premier ſignal que je vais faire, & je vais m'envoler.
Je frappe de la main, ils ſe retirèrent, je m'elançai
comme l'oiſeau ; en dix minutes, j'étois à plus de
1500 toiſes, je n'appercevois plus les objets ter-
reſtres, je ne voyois plus que les grandes maſſes de
la nature. Dès en partant j'avois pris mes précautions pour échapper aux dangers de l'exploſion du
Globe, & je me diſpoſai à faire les obſervations
que je m'étois promiſes D abord, afin d'obſerver
le baromètre & le thermomètre placés à l'extrémité
du Char ſans rien changer au centre de gravité, je
m'agenouillai au milieu, la jambe & 'e corps tendus
en avant, ma montre & un papier dans la main gauche,

che, ma plume & le cordon de la foupape dans ma droite. Je m'attendois à ce qui alloit arriver. Le Globe, qui étoit affez flafque à mon départ, s'enfla infenfiblement. Bientôt l'air inflammable s'échappa à grands flots par l'appendice. Alors je tirois de tems en tems la foupape pour lui donner à la fois deux iffues, & je continuois ainfi à monter en perdant de l'air. Il fortoit en fifflant & devenoit vifible ainfi qu'une vapeur chaude qui paffe dans une atmofphère beaucoup plus froide. La raifon de ce phénomène eft fimple. A terre, le thermomètre étoit à 7 dé-grés au-deffus de glace, au bout de 10 minutes d'afcenfion j'avois 5 dégrés au-deffous. L'on fent que l'air inflammable contenu n'avoit pas eu le tems de fe mettre en équilibre de température. Son équi-libre élaftique étant beaucoup plus prompt que ce-lui de la chaleur, il en devoit fortir une plus grande quantité que celle que la dilatation extérieure de l'air pouvoit déterminer par fa moindre preffion. Quant à moi, expofé à l'air libre, je paffai en 10 minutes de la température du printems à celle de l'hiver. Le froid étoit vif & fec, mais point infup-portable. J'interrogeois alors paifiblement toutes mes fenfations, *je m'écoutois vivre*, pour ainfi dire, & je puis affurer que dans le premier moment je n'éprouvai rien de défagréable dans ce paffage fubit de dilatation & de température. Lorfque le baro-mètre ceffa de monter, je notai très exactement 18 pouc. 10 lig. Cette obfervation eft de la plus grande rigidité. Le mercure ne fouffroit aucune ofcillation fenfible. J'ai déduit de cette ofcillation une hauteur de 1524 toifes environ, en attendant que je puffe intégrer ce calcul, & y mettre plus de précifions. Au bout de quelques minutes le froid me faifit les doits, je ne pouvois prefque plus tenir la plume. Mais je n'en avois plus befoin, j'étois ftationnaire & n'avois p'us qu'un mouvement horizontal. Je me relevai au milieu du char & m'abandonnai au fpectacle que m'offroit l'immenfité de l'horizon. A mon départ de la prairie le foleil étoit couché pour les habitans des vallons, bientôt il fe leva pour moi feul, & vint encore une fois dorer de fes rayons le globe & le char. J'étois le feul corps éclairé dans l'horizon, & je voyois tout le refte de la nature plongée dans l'ombre. Bientôt le foleil difparut lui-même, & j'eus le plaifir de le voir fe coucher deux fois dans le même jour. Je contemplai quelques inftants le vague de l'air & les vapeurs terreftres qui s'élevoient du fein des vallées & des rivières. Les nuages fembloient fortir de la terre & s'amonceler les uns fur les autres en confervant leur forme ordinaire. Leur couleur feulement étoit grisâtre & monotone, effet naturel du peu de lumière divaguée dans l'atmofphère La lune feule les éclairoit. Elle me fit obferver que je revirai de bord deux fois, & je remarquai de véritables courans qui me ramenèrent fur moi-même. J'eus plufieurs déviations très-fenfibles. Je fentis avec furprife l'effet du vent & je vis pointer les banderolles de mon pavillon; nous n'avons pu obferver ce phénomène dans notre premier voyage. Je remarquai les circonftances de ce phénomène & ce n'étoit point le réfultat de l'afcenfion ou de la defcente; je marchois alors dans une direction fenfiblement horizontale. Dès ce moment, je conçus, peutêtre un peu trop vite, l'efpérance de fe diriger. Au fur-plus ce ne fera que le fruit du tatonnement, des obfervations & des expériences les plus réitérées.

Au milieu du raviffement inexprimable, & de cette extafe contemplative, je fus rappellé à moi-

même par une douleur très-extraordinaire, que je
reſſentis dans l'intérieur de l'oreille droite & dans
les glandes maxillaires. Je l'attribuai à la dilatation
de l'air çontenu dans le tiſſu cellulaire de l'orga-
niſme, autant qu'au froid de l'air environnant. J'é-
tois en veſte & la tête nue. Je me couvris d'un bon-
net de laine, qui étoit à mes pieds; mais la douleur ne ſe diſſipa qu'à meſure que j'arrivois à terre.
Il y avoit environ ſept à huit minutes que je ne
montois plus; je commençois même à deſcendre
par la condenſation de l'air inflammable intérieur.
Je me rappellai la promeſſe que j'avois faite à Mgr
le Duc de Chartres de revenir à terre au bout d'une
demi-heure. J'accélérai ma deſcente en tirant de tems
en tems la ſoupape ſupérieure. Bientôt le Globe vide
preſque à moitié ne me préſentoit plus qu'un hémiſ-
phère. J'apperçus une aſſez belle plage en friche
auprès du bois de la Tour du Lay. Alors je préci-
pitai ma deſcente. Arrivé à vingt à trente toiſes de
terre, je jettai ſubitement deux à trois livres de
leſt qui me reſtoient & que j'avois gardées précieuſe-
ment; je reſtai un inſtant comme ſtationnaire &
vins deſcendre mollement ſur la friche même que
j'avois, pour ainſi dire, choiſie. J'étois à plus d'une
lieue du point du départ. Les déviations fréquentes
que j'eſſuyai, les retours ſur moi-même, me font
préſumer que le trajet aërien a été de plus de trois
lieues. Il y avoit trente-cinq minutes que j'étois
parti, & telle eſt la ſûreté des combinaiſons de notre Machine Aéroſtatique que je pus conſommer
& à volonté 130 de légéreté ſpécifique, dont la
conſervation également volontaire eût pu me main-
tenir en l'air au moins 24 heures de plus. Lorſque
Mgr le Duc de Chartres & M. le Duc de Fitz-James me virent ainſi deſcendre de loin & avec au-

tant de précifion, ils n'eurent plus aucune inquiétude fur mon fort; &, laiffant Mr. Robert avec nombreufe compagnie, venir à ma rencontre à travers les halliers, les fentiers, les vallées impraticables à leurs chevaux fatigués, ils retournèrent à Paris, & le Prince bienveillant fe hâta de donner lui-même de nos nouvelles à tout le monde, & de calmer l'allarme univerfelle que notre difparition avoit caufée.

Calcul des différentes élévations auxquelles a dû parvenir le Globe Aéroftatique de ving fix pieds, lancé du Jardin des Tuileries le premier Décembre 1783, d'après la feule confidération des poids que cette Machine a portés, par Mr. Meunier.

ÉTAT PRIMITIF DE LA MACHINE.

LE Globe auroit déplacé environ 800 liv. d'air, s'il eût été totalement rempli; & le gaz inflammable auroit commencé, prefqu'auffi-tôt le départ, à s'échapper par l'iffue qui lui étoit ménagée, en vertu de l'expanfion due à la diminution du reffort de l'air extérieur : mais MM. Charles & Robert ont obfervé que ce n'eft qu'à cent cinquante toifes environ de hauteur que cet effet a eu lieu. On peut donc évaluer à une vingt-huitieme partie ce qu'il s'en falloit que le Ballon ne fut entièrement plein; & le poids de l'air déplacé fe trouvera de 771 l.$\frac{1}{2}$

D'où déduifant :

1°. Le poids total de l'étoffe, du filet, du char, de deux hommes, du lefte & autres objets acceffoires, qui, par des pefées très-exactes, s'eft trouvé de. . . . . . . 604 l.$\frac{1}{2}$

2.° L'excès de légéreté de la Machine, qui, par le moyen d'un peson à ressort, a été déterminé d'environ . . . $\underline{20}$

$\overline{624 \text{ l.} \frac{1}{2}}$

Il reste pour l'air inflammable un poids de . . . . 147 l.

Le poids de l'air déplacé & celui du gaz inflammable se trouvant déterminés par-là, on en déduit leurs pesanteurs respectives, qui sont dans le rapport de 5 $\frac{1}{4}$ à 1 à-peu-près (1).

PREMIERE ASCENSION.

MM. Charles & Robert ont jetté environ six livres pesant pendant leur premiere Ascension; ce qui a réduit le poids total de 604 liv. $\frac{1}{2}$ à 598 l. $\frac{1}{2}$

Ainsi, d'après le rapport de pesanteur qui vient d'être établi entre les deux airs, & qui reste le même, à quelque point qu'ils soient dilatés l'un & l'autre, la Machine n'a pu se mettre en équilibre que quand le poids de l'air inflammable a été réduit à . . . . . $\underline{139 \text{ l.}}$

& celui de l'air déplacé, à . . $739 \text{ l.} \frac{1}{2}$

La Machine étant alors parfaitement tendue, & le poids de l'air qu'elle auroit déplacé en cet état à la surface de la terre étant de 800 liv., il s'enfuit par la comparaison des poids, que pendant la premiere Ascension, le baromètre a dû descendre de 28 pouces 4 lignes à 26 pouces 2 lignes $\frac{1}{2}$: ce qui pour la température de 10 dégrés, donne, suivant

---

(1) L'air inflammable qui remplissoit le Ballon du champ de Mars n'étoit que quatre fois plus léger que l'air ordinaire : cette opération s'est donc perfectionnée depuis, & il faut l'attribuer à la précaution prise par M. Charles, de faire passer le gaz à travers l'eau.

la regle de M. de Luc, 334 à 335 toises d'élévation.

Suite du Voyage, & arrivée dans la prairie de Nesle.

La hauteur qui vient d'être déterminée, a éprouvé plusieurs variations par la déperdition du gaz
inflammable que faisoit lentement la Machine, &
par les portions de lest que jettoient les Voyageurs
pour en réparer l'effet.

Après avoir jetté en tout 36 livres & demie, ils
font descendus dans la plairie de Nesle, & le poids
déplacé faisoit alors équilibre à tous ceux que contenoit la Machine. Ces poids se trouvent donc réduits de 604 liv. $\frac{1}{2}$ à 568 l celui de l'air inflammable ne devoit plus être que de . .   134

& celui de l'air déplacé de . . 702 l.

ce résultat donne, comme on voit, la perte d'air
inflammable que faisoit l'enveloppe, de 7 livres
à-peu-près dans une heure & demie.

SECONDE ASCENSION.

M. Robert ayant quitté la Machine Aérostatique, le poids total a souffert une diminution de
130 l.; ce qui l'a réduit à . . 433 l.

L'équilibre n'a donc pu avoir lieu de
nouveau qu'à une hauteur où il ne feroit
resté d'air inflammable que . . 103

& où l'air déplacé auroit pesé . . 541 l.

Il suit de là que, d'après les considérations précé-
dentes, la hauteur du baromètre auroit dû diminuer dans le rapport de 800 à 541 l.; ce qui donneroit 19 pouces, ligne 9 dixièmes, au lieu de 18
pouces 10 lignes que M. Charles a observé; mais

il faut faire attention que , l'air étant à 5 degrés de congellation dans la région de l'athmosphère à laquelle ce Physicien s'est élevé , tandis que c'est pour une température de 10 degrés au-dessus de la glace que le Ballon auroit déplacé 800 liv. d'air aux environs de la surface de la terre , ce sont quinze degrés de différence qu'il faut faire entrer dans cette comparaison des poids d'un même volume d'air. En appliquant à cette question la règle donnée par M. de Luc pour tenir compte des diverses températures , on trouvera que le baromètre auroit dû baisser jusqu'à 17 pouces 9 lignes ; ce qui fait 13 lignes encore plus bas que M. Charles ne l'a vu.

Il résulte de ce calcul, qu'en évaluant la température moyenne de la colonne d'air parcourue par la Machine Aérostatique à un dégré au dessus de la glace, le point auquel cette Machine auroit été en équilibre, se trouve à 1878 toises 4 pieds. Mais en calculant d'après les 18 pouces 10 lignes annoncés par M. Charles, la hauteur réelle à laquelle il est parvenu se réduit à 1643 toises 5 pieds. Il suit de là que la perte du gaz , & sur-tout l'issue que M. Charles lui a donné pendant son Ascension , en tenant la soupape supérieure ouverte , ont déterminé la Machine à redescendre avant d'être parvenue au point où elle se seroit tenue en équilibre. Il faut seulement observer encore que le mercure s'élevant dans le réservoir du baromètre , en même tems qu'il s'abaissoit dans le tube , la hauteur réelle de la colonne soutenue par le poids de l'air a pu être moindre de 3 à 4 lignes qu'elle ne le paroissoit par la graduation. On doit donc augmenter encore de 70 toises environ la hauteur qui vient d'être déterminée ; & il en faut conclure que la Machine Aérostatique ne s'est pas élevée à moins de 1700 toises.

A MM. CHARLES & ROBERT, sur leur Voyage Aérien, du 1 Décembre 1783.

ENFIN ta résistance est vaine,
Dieu des Airs, le courage humain,
A travers ton vaste domaine,
Vient de se frayer un chemin.
De l'homme Éole est tributaire;
Servant nos sublimes projets,
Des Zéphirs la troupe légère
Nous fait voguer sur l'hémisphère,
Qui jamais ne vit tel succès.
Dieux endormis! sur les François,
Quoi! vous ne lancez pas la foudre?...
Quoi! ces mortels audacieux
Semblent escalader les cieux,
Et ne sont pas réduits en poudre?...
Baissez donc le front devant eux;
De la Fable qui vous fit naître,
Tout votre éclat est emprunté;
Cédez à la réalité,
Charles & Robert doivent être
Les Dieux que vous avez été.
Guidé par l'intrépidité,
Ces braves Nochers font connoître,
En s'élevant sur les éclairs,
Que l'homme enfin s'est rendu maître
Des eaux, de la terre & des airs.
Ah! si Montgolfier, de la gloire
A su leur tracer le sentier,
En suivant ses pas, leur victoire
Étonne encor le monde entier.

(Par M. Richard.)

Pour le Portrait de M. Charles.
De l'Océan des Airs, brillant Navigateur,
Charles, par ses succès a désarmé l'Envie,
Et fait encor, par un style enchanteur,
Joindre la plume aux ailes du Génie.

Par M. le Marquis DE VILLETTE.

FIN.